AF244524

2g 306

CODE
DES IRRIGATIONS

Par M. BERTIN
Avocat à la Cour d'appel de Paris, rédacteur en chef du journal *le Droit.*

Un volume in-8. — Prix : 3 fr.

Les gens qui s'y entendent prétendent qu'avec l'irrigation, si on savait en faire usage, on produirait des merveilles ; qu'on rendrait fertiles les sables les plus arides, les terres les plus ingrates, les landes les plus misérables ; et, à l'appui de cette opinion, ils citent de nombreux et concluants exemples. Le *Manuel de l'irrigateur,* par MM. Félix Villeroy et Adam Muller, dit que les terres de la Lombardie, autrefois absolument improductives, donnent aujourd'hui plus de 1,000 fr. de revenu brut par hectare ; qu'en Provence, sur le Crau, dans un désert pavé de galets, l'hectare arrosé se vend 4,000 fr. ; que dans les Vosges, les graviers sans végétation de la Moselle ont acquis une valeur de 4,000 fr.; qu'aux environs d'Autun, des terres estimées, il y a cinq ans, 900 fr., se vendraient maintenant au moins 5,000 fr.

Véritablement, en voyant ces résultats, on demande à quoi ont songé ceux qui, depuis quarante ans, ont gouverné la France. Il ne fallait pas, pour la rendre grande et prospère, conquérir l'Algérie, construire des chemins de fer, faire quatre ou cinq révolutions, suivies d'autant de constitutions : il fallait sillonner notre pays de canaux et de rigoles. On ne s'en est guère occupé ; car, M. d'Esterno le déclarait dans le Congrès d'agriculture de 1849, la question n'a pas fait un progrès sensible.

C'est un peu la faute de tout le monde. Les propriétaires sont restés inactifs, l'administration indifférente, et les législateurs méritent bien aussi quelque reproche. Sur 2,281 articles, le Code Napoléon n'en consacre que deux au régime des eaux, et deux petites lois faites récemment sont le seul témoignage d'intérêt que l'irrigation ait reçu de la puissance législative.

Voilà dans quelles circonstances il est entré dans la pensée d'un jurisconsulte laborieux et éclairé de publier un *Code des Irrigations.*

Le sujet paraît au premier abord mal choisi et le titre difficile à justifier. Pour pouvoir codifier des dispositions légales, il est un peu nécessaires qu'elles existent. Je crois donc que M. Bertin, dont d'ailleurs le livre est bon et utile, comme je vais l'expliquer, n'a pas pris le titre qui lui convenait.

Ce n'est pas en disant : « L'irrigation est une chose excellente ; » ce n'est pas en jetant au milieu d'un congrès cette proposition trop générale : « Le gouvernement doit faire étudier un vaste système de canaux d'irrigation dans lesquels les propriétaires, sans exception, pourront prendre de l'eau dans la proportion de leurs besoins ; » ce n'est pas, en un mot, en répétant ce que tout le monde sait qu'on peut arriver au but. C'est en y marchant chacun par son chemin, les théoriciens en exposant les meilleures doctrines, les cultivateurs en creusant des fossés, les jurisconsultes en expliquant les règles de la législation nationale, en faisant connaître ce qu'il y a de bon dans les législations étrangères. On fera ainsi des progrès lents et successifs, mais certains et féconds.

M. Bertin a été inspiré par cette idée. Il a recueilli les quelques articles du Code civil et des lois du 29 avril 1845 et du 11 juillet 1847, bien moins pour les codifier, quoi qu'il en dise, que pour mettre en évidence les lacunes qu'ils présentent et faire sentir la nécessité de les combler. S'il se fût borné à cette espèce d'enseignement, il aurait rendu un service dont tout le monde lui saurait gré, mais dont les jurisconsultes ne lui devraient pas une reconnaissance spéciale. Pour mériter leur attention et leurs remerciments, il a cherché dans les monuments de la jurisprudence, dans les meilleurs livres, dans les législations voisines, notamment dans celles des États sardes, de la Lombardie, de la Prusse, de l'Angleterre, et il a rangé dans un ordre convenable ces documents d'origines diverses, je n'ose pas dire, à raison du sujet, puisés à des sources différentes.

En 1843, M. d'Angerville avait présenté, à la Chambre des députés, une proposition portant que les travaux d'irrigation des propriétés rurales pourraient être déclarés d'utilité publique. Là-dessus des scrupules s'élevèrent ; on craignit de confondre l'utilité privée et l'utilité publique ; on s'émut à la pensée d'une atteinte portée au droit de propriété, et on laissa l'eau couler. C'est dommage ; c'eût été un bon principe introduit dans notre législation; l'administration, armée par lui d'un pouvoir nouveau, aurait su concilier, comme dit l'art. 645 du Code Napoléon, l'intérêt de l'agriculture avec le respect dû à la propriété, et l'on eût obtenu de magnifiques résultats. C'est la sage observation que fait M. Bertin; mais il ne perd pas trop de temps en regrets superflus, et en indiquant d'un mot ce qui serait mieux, il s'attache surtout à exposer ce qui est.

Un premier chapitre est consacré à l'*historique et à la législation* de la matière; le second traite de l'*exercice du droit d'irrigation* sur les rivières navigables et flottables, les sources et tous les autres cours d'eau. Dans le troisième, il est question des *règlements administratifs;* le quatrième s'occupe des canaux, soit que l'État les ait construits, soit qu'on en doive l'établissement à de simples particuliers; enfin les cinquième et sixième chapitres ont pour objet *les servitudes de conduite d'eau et d'appui et les barrages.* On voit que dans ce cadre se trouve compris le sujet tout entier, et qu'il y est présenté sous ses différents aspects. Trois points de vue principaux se reproduisent dans chacune des divisions que je viens d'indiquer : les rapports avec l'administration, les collisions d'intérêts privés, la compétence des tribunaux et de la justice administrative.

Le propriétaire qui veut irriguer son champ doit avant tout se demander si, d'après la nature des eaux dont il a l'intention de faire usage, il est maître de s'en servir sans avoir besoin de recourir à l'autorité; il faut ensuite qu'il examine si son droit n'a pas pour concurrent un droit rival, si ses voisins n'ont pas des titres semblables ou même préférables aux siens; et enfin, s'il a le malheur d'être obligé de plaider, il lui importe de savoir à quelle juridiction il doit s'adresser. M. Bertin a judicieusement compris qu'il devait une réponse à chacune de ces questions, lesquelles, on le conçoit, se subdivisent et se multiplient à l'infini; il la donne claire et concise, appuyé sur de graves autorités, et, ce qui vaut mieux encore, sur d'excellentes raisons. Je ne veux pas dire que toutes ces solutions soient incontestables; pour mon compte, il en est un certain nombre que je combattrai résolûment à l'occasion. Mais quel écrivain peut se flatter d'obtenir pour ses opinions l'assentiment de tous? Je ne connais pas de plus triste condition pour un auteur que l'absence absolue de contradicteurs; il n'y a que les livres qu'on ne lit pas, dont tout le monde s'accorde à dire du bien.

Celui de M. Bertin sera, peut-être plus qu'un autre, objet à controverse, précisément parce qu'il est l'œuvre d'un esprit modéré et impartial. Il n'est pas de ceux qui sont toujours disposés à sacrifier les droits des citoyens aux prérogatives de l'administration, ni de ceux qui, par un respect aveugle pour la propriété, ne tiennent aucun compte des intérêts généraux dont l'autorité est la gardienne; il sait, entre ces extrémités, suivre la ligne tracée par le bon sens et les vrais principes.

Ceux qui ont un parti pris, qui ne demandent que des auxiliaires et des arguments pour un système arrêté à l'avance, ne trouveront pas toujours dans le livre de M. Bertin ce qu'ils cherchent. Mais le propriétaire qui veut franchement connaître ses droits et ses devoirs, l'administrateur qui veut savoir jusqu'où va sa puissance, le jurisconsulte qui désire s'éclairer lui même pour pouvoir ensuite éclairer les autres, à ceux-là le *Code des Irrigations* sera (j'en parle par ma propre expérience) vraiment utile. Depuis qu'il a été publié, j'ai eu plusieurs fois à le consulter, et j'y ai trouvé promptement des solutions qui m'ont satisfait, soit qu'elles m'aient paru vraies et juridiques, soit qu'en faisant naître des doutes, elles m'aient mis sur la voie de la vérité.

On ne doit pas, au surplus, supposer que M. Bertin se soit fort attaché à l'exposition des doctrines générales, au développement des hautes considérations; il a plutôt visé à présenter des théorèmes simples et clairs, à donner, comme je l'ai déjà dit, des réponses précises aux questions que l'irrigateur et le légiste peuvent rencontrer dans l'exécution de leurs travaux. C'est pour cela qu'il a appelé son ouvrage *Code,* qu'il l'a divisé en numéros affectant un peu la forme d'articles de lois.

Il faut savoir beaucoup et avoir bien digéré ce qu'on sait pour parvenir ainsi à formuler sa science en propositions brèves et claires. On pourra faire sur le même sujet des ouvrages plus étendus; il serait très facile de prendre un air plus dogmatique, d'adopter des formes plus solennelles; je ne sais si l'on parviendra à être aussi utile.

J.-B. Duvergier, ancien bâtonnier.

Les personnes qui désirent des ouvrages de notre catalogue sont priées de remplir ce bulletin :
Je prie M. Dusacq de m'adresser :

Un exemplaire de   prix :

   Id.   *de*   prix :

   Id.   *de*   prix :

   Id.   *de*   prix :

                       Total. . . . .

que je paierai en recevant l'envoi franc de port.

A   le   185   (Signature.)

Les commandes au-dessus de 20 fr. sont expédiées franco sur tous les parcours des chemins de fer et des messageries générales. — On expédie aux mêmes conditions tous autres livres.

EN VENTE A LA MÊME LIBRAIRIE.
AGRICULTURE.

	fr.	c.
Agriculture (Cours d'), par de Gasparin, 5 vol. in-8 et 233 gravures.	37	50
Agriculture, par Lefour, inspecteur génér. de l'agr. 204 p. in-12 et 36 grav. .	1	25
Agriculture allemande, ses écoles, ses pratiques, etc., par Royer, 566 p. in-8 et 5 pl.	7	50
Agriculture *de l'Ouest de la France,* par Rieffel, 1843 à 1847, 5 vol. in-8. . . .	25	»
Algérie (Colonisation et agriculture de l'), par Moll, 2 vol. in-8 et 100 gravures. .	12	»
Almanach du cultivateur et du vigneron (1853), 10ᵉ ann., 176 p. in-16 et 11 gr.	»	75
Amendements (Traité des), *Marne, Chaux,* etc. ; par Puvis, 1 vol. in-12 de 750 p.	5	»
Animaux (Statique chimique des), *emploi agricole du* SEL, par Barral, 550 p. in-12.	5	»
Arithmétique agricole, par Lefour, inspect. gén. de l'agr., 226 p. in-12 et 12 gr.	1	25
Bestiaux (Production des) *en Allemagne, Belgique et Suisse,* par Moll, 100 p. in-4. .	2	75
Bêtes à laine (Élève, choix, etc.), par Malingié, 178 p. in-4, et 4 planches lith.	3	»
Biens-fonds (Manuel de l'estimateur de), par Noirot, 1 vol. in-12 de 360 p. . .	3	50
Bière (Traité de la fabrication de la), par Rohart, 2 vol. in-8, plan et 162 gravures.	15	»
Bovine Durham (De la race), par Lefebvre Ste-Marie, 352 p. in-8 et atlas in-folio.	15	»
Bovines, races françaises, anglaises et Suisses, par Dampierre, 252 p. in-12 et 16 gr. .	1	75
Chaux. Son emploi en agriculture, par Piérard, 2ᵉ édition, 36 p. in-12.	»	50
Chevaline (De l'espèce) en France, par le Gᵃˡ de Lamoricière, 312 p. in-4 et 3 cart. col.	7	50
Chimie agricole, par Isidore Pierre, 1 vol. in-12 de 662 p., avec gravures . . .	4	»
Colonies agricoles (Etudes sur les), par de Lurieu et Roman, 1 vol. in-8 de 462 p.	7	50
Comptabilité agricole (Traité de), par De Grange, 1 vol. in-8 de 320 p. et tableaux.	5	»
Comptabilité agricole (Petit traité de) en partie simple, par De Granges, 80 p. in-8.	1	75
Auxiliaire général, registre pour la comptabilité agricole. La main de 24 feuilles réglées.	1	25
Congrès central d'agriculture, 8ᵉ session, 1851, 1 vol. in-8.	3	50
Conseils aux agriculteurs, par Dezeimeris, 3ᵉ édition, 1 vol. in-12 de 654 pages	5	»
Crédit agricole et foncier (Des institutions du) en Europe, par Josseau, 620 p. in-8.	7	50
Crédit foncier (Des institutions de) en Allemagne et Belgique, par Royer, 488 p in-8.	7	50
Cultivateur (Manuel du), par Lefour. *Arithmét. et Comptabilité agricoles,* 1 vol. et 12 gr.; *Géométrie agricole,* 1 v. et 150 gr.; *Sol et Engrais,* 1 v. et 36 gr. Chaque vol.	1	25
Drainage (De l'assainissement des terres et du), par Jules Naville, in-12 de 84 pages.	1	25
Garance (Mémoire sur la culture de la), par de Gasparin, in-8 de 132 p.	1	75
Géométrie agricole, par Lefour, inspecteur général de l'agr. 216 p. in-12 et 150 grav.	1	25
Guide des cultivateurs, par Dezeimeris, 2ᵉ édition, 1 vol. in-12 de 242 pages. .	1	75
Irrigateur (Manuel de l'), par Villeroy, et *Code des irrigations,* 384 p. et 121 gr.	5	»
Maison Rustique du XIXᵉ siècle, 5 vol. in-4 et 2,500 gravures	39	50
Maïs (Culture du), par Lelieur, 68 p. in-12.	»	75
Mûriers (Manuel du cultivateur de), par Charrel, 1 vol. in-8 de 268 pages. . . .	3	50
Mûrier. Comment on peut le cultiver avec succès dans le centre de la France, in-8. .	1	75
Oiseaux de basse-cour et lapins (Manuel de l'éleveur d'), 200 p. in-12 et 11 gr.	1	75
Olivier (Culture de l'), par de Gasparin, in-8 de 114 pages.	1	75
Pêcheur (Manuel du), par de Massas, 1 vol. in-12 de 204 p. et 27 gravures. . .	2	»
Pommes de terre (De la maladie des), par Decaisne, *de l'Institut,* 136 p. in-8 . .	2	50
Safran (Culture du), par de Gasparin, 36 p. in-8.	»	50
Statistique agricole de la France (Tableau de la), par Block, in-plano de 2 feuilles.	1	»
Vers à soie (Manuel de l'éducateur de), par Robinet. 552 p. in-8 et 51 gr. . . .	5	»
Vigneron (Manuel du), par Odart, 1 vol. in-12 de 412 pages.	3	50
Voyages agronomiques en France, par Lullin de Châteauvieux, 2 vol. in-8. . . .	12	»

A Monsieur DUSACQ,

à la Librairie agricole *de la* Maison Rustique,

*rue Jacob, n*º 26, à PARIS.

Paris.—Imprimerie d'E. Duverger, rue de Verneuil, 6.

HORTICULTURE.

Almanach du jardinier, 10e année (1853), 1 vol. in-16 de 176 p. et 24 gravures. » 7
Almanach horticole (1844 à 1848), par Paquet, 5 vol. in-12 avec gravures. . . 3 7
Arbres fruitiers (Culture des), par Bravy, 2e édition, 1 vol. in-12 de 86 pages. . » 7
Arbres fruitiers (Maladies des), par Rubens, 132 p. in-12. . . . . 1 2
Arbres fruitiers, taille, mise à fruit et végétation, par Puvis, 1 vol. in-12 de 210 p. 1 7
Asperges (Culture des), par Loisel, 1 vol. in-12 de 120 p. 1 5
Bon Jardinier (le), Almanach de 1852, par Poiteau et Vilmorin, in-12 de 1658 p. 7 »
Botanique (Leçons de), par Aug. de St-Hilaire, de l'Institut, 1 vol. in-8 de 930 pages.
    et 24 planches grav. — Ouvrage adopté par le Conseil d'instruction publique . . 7 50
Cactées (Iconographie des), par Lemaire. Huit livraisons de 2 pl. coloriées et texte. 40 »
Cactées (Monographie de la famille des), par Labouret, 1 vol. in-12 de 732 pages. 7 50
Camellia (Monographie du genre), par Berlèse, 3e édit. 340 p. in-8 et 7 pl. . . 5 »
Camellias (Iconographie des), par Berlèse, 3 vol. in-folio avec 300 planches coloriées. 375 »
Champignons (Traité de la culture des), par Paquet, 280 p. in-12 et 9 gravures. . 3 50
Culture maraîchère (Manuel pratique de), par Courtois-Gérard, 400 p. in-12 . . 3 50
Dahlia (Traité spécial et didactique du), par Pirolle, 302 p. in-12. . . . . . 4 »
Dahlias (Manuel du cultivateur de), par Legrand et Pépin, 2e éd., 156 p. in-12 56 gr. 1 75
Fruits (Traité de la conservation des), par Paquet, 316 p. in-12 et 2 grav 2 50
Fuchsia (Culture du), par Porcher, 2e édition, 1 vol. in-12 de 128 p. 1 25
Herbier général de l'Amateur, description, histoire, culture des végétaux utiles et
    agréables, 5 beaux volumes in-4 et 375 planches coloriées, par Ch. Lemaire . . . 200 »
Horticulteur universel, par Jacques, Neumann, Pépin, Poiteau et Lemaire, 7 vol.
    grand in-8, et 300 planches coloriées. . . . . 150 »
Horticulture (Encyclopédie d'), 812 p. in-4, 525 grav. (5e vol. de la *Maison rustique*). 9 »
Horticulture, par Lindley. 450 p. in-8 et 57 gravures 7 50
Jardinage (Manuel pratique du), par Courtois-Gérard, 5e éd., 450 p. in-12 et 36 gr. 3 50
Jardinier des fenêtres, des appartements et des petits jardins, p. Me Millet-Robinet 1 75
Maison rustique des dames, par Mme Millet-Robinet, 2 vol. in-12 et 117 grav. 7 »
Melons (Culture des), par Loisel, 3e édition, 1 vol. in-12 de 100 pages et 3 grav. . 1 25
Œillet (Monographie du genre), par de Ponsort, 2e éd., 1 vol. in-12 de 208 p. et 1 pl. 2 50
Œillet (Appendice à la Monographie du genre), 36 p. in-12, 11 gravures coloriées. . 1 50
Pelargonium (Traité des), Calcéolaires, Verveines, Cinéraires, p. Chauvière et Lemaire 2 50
Pensée (Culture de la), par de Ponsort, 1 vol. in-12 de 108 p. 1 50
Plantes, arbres et arbustes (Manuel général des). Description et culture de
    25,000 plantes indigènes ou de serre, par Jacques et Hérincq. (20 livraisons sont en
    vente.) La livraison de 108 p. in-8 à 2 colonnes. 1 50
Plantes bulbeuses ou oignons à fleurs (Culture des), par Lemaire, 392 p. in-12. 3 50
Plantes de terre de bruyère (Culture des), par Paquet, 1 vol. in-12 de 360 p. . 3 50
Pomone française (La), par Lelieur, 3e éd., 1 vol. in-8 de 600 p. et 15 planches. 7 50
Revue horticole, par MM. Poiteau, Vilmorin, Decaisne, Neumann, Pépin; paraissant
    le 1er et le 16 de chaque mois. Prix (franco). par an, avec 24 gravures coloriées. 9 »
Roses (Centurie des plus belles), 50 livraisons de 2 planches color., avec texte. Chaque. 3 »
Serres (Pratique des), construction, direction, chauffage, p. Delaire, 288 p. et 40 gr. 3 50
Vignes (Culture des) à raisins précoces, par Loiseleur-Deslongchamps, 100 p. in-12. 1 25

CODE

DES IRRIGATIONS.

PARIS. — IMPRIMERIE DE W. REMQUET ET Cie,

Successeurs de Paul Renouard,

RUE GARANCIÈRE, 5, DERRIÈRE SAINT-SULPICE.

CODE

DES IRRIGATIONS

SUIVI DES

**Rapports de MM. DALLOZ et PASSY
et de la Législation étrangère**

PAR M. BERTIN

AVOCAT A LA COUR D'APPEL DE PARIS.

PARIS

DUSACQ	A. DURAND
LIBRAIRIE AGRICOLE,	LIBRAIRIE DE JURISPRUDENCE,
RUE JACOB, 26.	RUE DES GRÈS, 5.

Et chez tous les Libraires de la France et de l'Étranger.

PRÉFACE

Personne n'ignore que les engrais sont la base de la richesse agricole : le législateur et l'administration devaient donc réunir leurs efforts pour donner aux cultivateurs les moyens d'obtenir les productions destinées à être converties en engrais. L'un de ces moyens, le plus certain, le plus utile par ses résultats, c'est incontestablement l'irrigation, qui augmenterait la production agricole dans des proportions incalculables.

Nous croyons devoir citer à ce sujet le passage suivant du *Manuel de l'Irrigateur*, de MM. Félix Villeroy et Adam Muller :

« La Providence, dans sa bonté, en donnant l'eau

au cultivateur, a mis à sa disposition le moyen d'augmenter à l'infini ses récoltes. Toutes les plantes ont besoin d'eau pour leur développement. Les gaz qui forment l'eau, l'oxygène et l'hydrogène, sont aussi la base des matières dont sont formées les plantes. Les plantes vertes contiennent jusqu'à 75 pour 100 de leur poids en eau. L'eau est une richesse inappréciable pour le cultivateur, non-seulement parce qu'elle entre chimiquement par sa composition dans le système organique, mais parce qu'elle contient toujours en dissolution des matières étrangères qui servent d'engrais aux plantes. L'eau dépose ces matières, ou bien elle les rend assimilables aux plantes.

« Presque toutes les eaux de source contiennent de l'acide carbonique et fournissent par là aux plantes une partie du carbone dont elles ont besoin.

« Outre l'acide carbonique, l'eau contient souvent du souffre, de la chaux et divers sels. Une grande partie de ces sels, sinon tous, sont décomposés et absorbés par les plantes, dont ils hâtent l'accroissement.

« Les ruisseaux, les rivières, les fleuves, et aussi la plupart des sources, entraînent des parcelles de terre très-fines qu'elles déposent ensuite sous la forme d'un limon fertile.

« L'eau des pluies lave les rues, les chemins, les champs, et elle se charge d'une quantité de principes fertilisants qu'elle entraîne dans les ruisseaux, de ceux-ci aux rivières et aux fleuves, et enfin à la mer, si la main habile du cultivateur ne sait pas arrêter ces engrais et s'en emparer pour leur faire produire de l'herbe et des grains. Les terres ainsi entraînées à la mer forment une masse que l'imagination a peine à se représenter. »

Pour mieux faire apprécier les résultats de l'irrigation, il suffit de signaler ceux qui ont été obtenus. On lit à ce sujet, dans le rapport fait en 1844, au Congrès central d'agriculture. « Dans le Midi, on trouve des terres qui, dans leur état naturel, ne valaient pas 100 fr. l'hectare, et qui prennent tout à coup une valeur de 8 à 10,000 fr., aussitôt qu'on les a fait jouir du bénéfice de l'irrigation. »

En 1845, le rapport fait au même Congrès, relativement aux irrigations, contient le passage suivant :

« En Lombardie, dans cette plaine du Pô, si pauvre par la nature du sol, et si riche par le génie de ses habitants, l'irrigation, habilement employée depuis des siècles, est arrivée à faire produire à l'hectare de prairie un revenu brut annuel de 1,098 fr. Là, un domaine de 148 hectares, prairies et terres arables, donne au propriétaire qui n'exploite pas un revenu net de toute charge, de **31,450** fr. (ou par hectare, de **212** fr. **50** c.), et donne au fermier 7 pour 100 d'intérêt du capital d'exploitation.

« Mais pourquoi chercher à l'étranger nos exemples et nos motifs? Que se passe-t-il en France, au nord comme au midi, à l'est comme à l'ouest? En Provence, sur le Crau, dans un désert pavé de galets, l'hectare arrosé se vend 4,000 fr.; dans les Vosges, les graviers sans végétation de la Moselle, et par conséquent sans valeur, ont, par les soins et les travaux de M. Dutac, acquis une valeur d'au moins 4,000 fr. par hectare; à Autun, des terres valant à peine, il y a cinq ans, 900 fr., se vendraient, aujourd'hui qu'elles reçoivent les bienfaits de l'irrigation, au moins 5,000 fr.; en Bretagne, enfin, grâce à la haute science agricole de M. Rieffel, l'hectare des landes, qu'on aurait payé trop cher à 300 fr., il y a quelques années, trouverait facilement, maintenant qu'il est en prés irrigués, des acheteurs à 2,500 fr. »

Dans le but de faciliter aux agriculteurs les moyens de propager l'irrigation, de nombreuses réclamations se sont élevées, on a beaucoup parlé et écrit à ce sujet, mais les résultats de tant d'efforts ont été à peu près nuls.

Dans le sein du Congrès central d'agriculture de 1849,

M. d'Esterno a rendu compte en ces termes des causes qui s'opposaient au développement de l'irrigation en France :

« Il y a cinq ans que le Congrès central s'occupe d'irrigations, et malgré ses efforts incessants, nous ne nous apercevons pas que la question ait fait aucun progrès sensible.

« Si nous nous étions proposé un but théorique et non pratique ; si nous avions désiré surtout multiplier les écrits et les discours, nous aurions réussi au delà de nos espérances. Les Chambres législatives de la monarchie constitutionnelle ont été saisies de deux projets de loi relatifs à l'irrigation, et ont deux fois fait preuve de bonne volonté pour elle.

« Les ministres de l'agriculture et des travaux publics ont à l'envi publié des documents qui montrent leur vif désir de paraître favorables à la cause de l'irrigation. La presse s'est universellement montrée bienveillante pour elle, les Sociétés d'agriculture ont semblé presque unanimes à recommander et à propager cet art nouveau pour nous, mais éprouvé par une longue expérience dans les pays étrangers et dans quelques-uns de nos départements.

« Cet accord paraissait devoir amener un développe-

ment immense et immédiat de l'irrigation ; mais tout
s'est passé en paroles, et c'est à peine si nous avons aujourd'hui quelques milliers d'hectares assolis de plus
qu'en 1844.

« Nous avons dû rechercher les causes de ce résultat
en apparence inexplicable ; nous les avons trouvées dans
la position tout exceptionnelle faite à l'irrigation par les
lois françaises et par les hommes qui sont chargés de
les appliquer.

« Quand je dis par les lois, je me trompe, j'ai voulu
dire par l'absence de toute loi. L'irrigation n'est régie en
France par aucune règle fixe ; tout est flottant, arbitraire,
indéterminé. La législation n'existant pas, nous n'avons
pas même la jurisprudence, et la jurisprudence n'étant
pas fixée, les règlements et arrêtés administratifs ne le
sont pas davantage.

« Si l'on veut s'en référer aux antécédents, on n'en
est pas plus avancé ; d'abord il y a très-peu d'antécédents, ensuite ils sont contradictoires. On accorde dans
un département ce que l'on refuse dans le département
voisin, et souvent l'avis des ingénieurs varie d'un arrondissement à l'autre.

« Les premières conditions de prospérité pour une
industrie sont : la liberté, la sécurité et l'indépendance.

« L'irrigation en est complétement privée; elle est sans droits acquis, et c'est par une faveur toute spéciale qu'on veut bien, de temps en temps, lui permettre d'exister.

« Les formalités à remplir sont complétement indéfinies, quant à leur durée et quant à la masse d'écritures qu'elles occasionnent. Il dépend des ingénieurs des ponts et chaussées de prolonger de dix ans l'instruction d'une affaire; quelques-uns ont dépassé ce terme. Quand ces dix ans ne seraient que des années d'attente et d'inaction, c'en serait assez pour rebuter les irrigateurs les plus déterminés; mais ce sont des années de dépense, de chicane et de paperasserie, des discussions sans limites sont soulevées, d'interminables correspondances se croisent, des projets, contre-projets et mémoires sans nombre viennent grossir le dossier.

« Il faut d'abord devenir avocat, publiciste, mathématicien, si l'on veut avoir quelque chance d'être admis plus tard à se faire irrigateur. C'est peu encourageant pour les hommes modestes qui composent la masse des irrigateurs. »

Le tableau que M. d'Esterno a tracé de la situation faite aux irrigateurs par la loi et par l'administration, est malheureusement fidèle. Les faits qu'il signale font suffisamment comprendre pourquoi l'irrigation, qui apporte la fertilité sur les sols les plus ingrats, qui couvre de riches productions les terres les plus rebelles à la culture, est restée stationnaire en France.

En l'absence de règles certaines et uniformes, les irrigateurs et l'administration elle-même ignorent l'étendue et les limites de leurs droits en matière d'irrigation. De là les tâtonnements, les incertitudes, les lenteurs et les contradictions qui ont pour résultat, comme le dit M. d'Esterno, de décourager les irrigateurs les plus intrépides.

En présence d'un pareil état de choses, ne serait-il pas temps de réaliser, par des actes, les vœux que l'on ne cesse de former en faveur de l'agriculture, dont on parle beaucoup, mais pour laquelle on fait peu?

Il est urgent en effet, si l'on veut que la France soit dotée des bienfaits de l'irrigation, que la loi détermine d'une manière précise les droits de l'irrigateur, les formalités qu'il aura à remplir, les délais à la suite desquels sa demande devra être accueillie ou rejetée ; il faut que la loi confie à des agents spéciaux et initiés à la science de l'irrigation le soin d'examiner et d'apprécier les demandes qui sont formées ; il faut notamment que les syndicats d'irrigateurs qui peuvent combiner et concilier les intérêts de tous reçoivent une existence légale et acquièrent le droit, par la puissance de l'association, de centraliser les réclamations individuelles de chaque localité.

L'administration doit, de son côté, apporter tous ses soins à simplifier les formalités à remplir, et à accélérer les solutions.

Enfin le gouvernement, ainsi que M. Buffet le proposait en 1845, au Congrès central d'agriculture, doit « faire étudier un vaste système de canaux d'irrigations dans lesquels tous les propriétaires sans exception pourraient prendre de l'eau dans la proportion de leurs besoins. »

Ces réformes si nécessaires à l'agriculture seront-elles réalisées? Nous l'ignorons et nous craignons qu'elles ne soient longtemps encore ajournées quoiqu'elles présentent une utilité incontestable.

Cette crainte nous a déterminé à étudier les différentes solutions données par la loi, la jurisprudence et la doctrine sur les droits de l'administration et des cultivateurs en matière d'irrigation, sur les difficultés et les contestations qui étaient nées ou pouvaient naître à l'occasion de l'exercice de ces droits.

Le bagage législatif en ce qui concerne les irrigations

est léger ; il se compose des art. 644 et 645 du Code civil et des lois des 29 avril 1845 et 11 juillet 1847, qui disposent pour deux cas particuliers celui de la servitude de conduite d'eau et celui de l'établissement des barrages.

La jurisprudence et les travaux des jurisconsultes ont en partie du moins comblé les lacunes de la loi, mais les documents qu'ils fournissent sont disséminés dans un grand nombre d'ouvrages et de recueils ; nous avons dû rechercher ces documents, les réunir et les coordonner. Ce travail nous a permis de poser les règles générales, qui dans l'état actuel régissent les irrigations, et d'indiquer les moyens de solution pour chaque cas particulier. Nous avons en conséquence, après avoir exposé l'*historique et la législation* des irrigations, traité ce qui concerne spécialement l'*exercice du droit d'irrigation, les règlements relatifs aux irrigations, les canaux d'irrigation, la servitude de conduite d'eau, les barrages et les servitudes d'appui.*

Les remarquables rapports sur la loi du 29 avril 1845, de M. Dalloz, à la Chambre des députés, et de M. Passy à celle des pairs, sont le commentaire indispensable de cette loi, nous les avons joints à notre travail.

Les dispositions des lois étrangères en matière d'irrigation ont aussi une grande importance au point de vue des réformes à introduire dans notre législation, et des solutions à donner aux difficultés qui peuvent se présenter. Nous avons cru devoir, en conséquence, reproduire les principales dispositions des lois de la Sardaigne, de la Lombardie et de la Prusse qui traitent de l'irrigation.

CODE

DES

IRRIGATIONS.

CHAPITRE PREMIER.

Historique et Législation.

1. Plusieurs nations étrangères, comprénant l'utilité et l'importance des irrigations, ont cru devoir réglementer complétement cette partie de leur législation : ainsi le Code sarde contient, sur cette matière, un système utile à consulter. Le Parlement anglais a adopté en 1843 un bill où se trouve consignée une série de dispositions relatives aux irrigations. La Prusse, le Wurtemberg, la Lombardie, le duché de Hesse, la Suède et la Norwége ont consacré, par des lois spéciales, les règles applicables aux irrigations.

2. La législation française est loin d'être complète en ce qui concerne les irrigations. Le Code civil s'est borné à poser des principes généraux sur le droit à la jouissance des eaux.

Les lois des 29 avril 1845 et 11 juillet 1847 ont seulement réglementé deux cas particuliers, de sorte qu'il est nécessaire de recourir à la doctrine des auteurs et aux règles tracées par la jurisprudence pour trouver des solutions aux nombreuses difficultés que soulèvent les irrigations.

3. Les eaux devant servir à l'irrigation peuvent être possédées à différents titres. On peut en disposer soit à titre de propriétaire, soit à titre d'usager, soit à titre de concessionnaire.

4. *Propriétaire.* Appartiennent en toute propriété à celui sur le sol duquel elles jaillissent ou tombent, les eaux de source ou de puits artésiens; celles d'étangs, les eaux de pluies, les eaux recueillies par des moyens artificiels dans des réservoirs.

5. Des motifs d'intérêt public ont dû faire admettre, à titre d'exception à cette règle, que le propriétaire d'une source ne peut en changer le cours lorsqu'elle fournit aux habitants d'une commune, village ou hameau, l'eau qui leur est nécessaire.

Code civil, art. 643.

6. Dans ce cas, si les habitants n'ont pas acquis ou prescrit l'usage de l'eau, le propriétaire de la source peut réclamer une indemnité, laquelle est réglée par expert.

Ib.

7. Les eaux des canaux d'irrigations sont l'objet d'une propriété privée.

V. n. 208 et *suivants.*

8. *Usager.* Les eaux des rivières qui ne sont ni navigables ni flottables donnent lieu seulement à des droits d'usage et non à une propriété absolue.

Ainsi, celui dont la propriété borde une eau courante, autre que celle qui est déclarée dépendance du domaine public, peut s'en servir à son passage pour l'irrigation de ses propriétés.

Celui dont cette eau traverse l'héritage peut même en user dans l'intervalle qu'elle y parcourt, mais à la charge de la rendre, à la sortie de son fonds, à son cours ordinaire.

Code civil, art. 644. *V.* n. 44 et *suivants.*

9. S'il s'élève une contestation entre les propriétaires auxquels ces eaux peuvent être utiles, les tribunaux, en prononçant, doivent concilier l'intérêt de l'agriculture avec le respect dû à la propriété.

V. n. 151 et *suivants.*

Dans tous les cas, les règlements particuliers et locaux sur le cours et l'usage des eaux doivent être observés.

Code civil, art. 645. *V.* n. 159 et *suivants.*

10. *Concessionnaire.* Les eaux dont on ne peut jouir qu'autant qu'on en a obtenu la concession sont celles des fleuves ou des rivières navigables et flottables qui appartiennent au domaine public.

Code civil, art. 538.

C'est à l'administration qu'il faut s'adresser pour obtenir cette concession.

11. Les eaux des rivières navigables et flottables ont été considérées par notre ancien droit comme une dépendance du domaine public et sont devenues l'objet de dispositions législatives qui ont sévèrement réprimé les usurpations dont ces eaux pouvaient devenir l'objet de la part des riverains.

12. Ainsi une ordonnance de Philippe-le-Bel de 1292

défend « qu'on ait marre et fosses qui boivent en rivières. »

13. L'ordonnance de 1669, titre 27, art. 44, portait
qu'il était défendu à toute personne de détourner l'eau
des rivières navigables et flottables ou d'en affaiblir et
altérer le cours par tranchées, fossés, canaux, à peine,
contre les contrevenants, d'être punis comme usurpa-
teurs, et les choses réparées à leurs dépens.

14. La loi des 28 septembre—6 octobre 1791, tout
en consacrant le principe que les eaux des rivières
navigables et flottables ne sont pas susceptibles d'une
propriété privée, ajoute cependant à l'art. 4 de sa section 1re : « Tout propriétaire riverain peut, en vertu du
droit commun, y faire des prises d'eau, sans néanmoins
en détourner ni embarrasser le cours d'une manière
nuisible au bien général de la navigation. »

15. Le droit reconnu aux riverains de faire des prises
d'eau dans les rivières navigables et flottables devait
avoir des conséquences fâcheuses pour la navigation et
les intérêts généraux que le législateur doit avant tout
sauvegarder.

16. Ces conséquences ne tardèrent pas à se manifester, et l'on comprit la nécessité de faire retour aux
anciens principes qui, depuis, ont été constamment
maintenus.

17. En conséquence, un arrêté du gouvernement du
19 ventose an VI, enjoignit par son art. 10, aux autorités locales, de veiller à ce que nul ne détournât les
eaux des rivières et canaux navigables et flottables et
n'y fît des prises d'eau ou saignées pour l'irrigation des
terres, qu'après y avoir été autorisé par l'administration

centrale et sans pouvoir excéder le niveau qui aura été déterminé.

18. Les irrigations que le législateur du Code civil avait voulu encourager et faciliter, rencontrèrent dans la loi elle-même des obstacles à leur développement et durent être fréquemment abandonnées en présence des nombreuses difficultés qu'elle faisait surgir.

19. Ainsi l'abaissement du sol des cours d'eau, la circonstance qu'il existait des fonds intermédiaires entre les terrains riverains du ruisseau et d'autres terrains appartenant au même porpriétaire, créaient des obstacles invincibles à l'irrigation.

20. D'ailleurs, le droit accordé par l'art. 640 du Code civil au propriétaire du fonds inférieur de ne recevoir les eaux du fonds supérieur qu'à la condition que ces eaux en découleraient *naturellement et sans que la main de l'homme y ait contribué,* rendaient, dans la plupart des cas, illusoires les dispositions faites en vue des irrigations.

21. Dans le but de faire cesser un pareil état de choses et d'affranchir les irrigations d'une partie des entraves qu'elles rencontraient, M. d'Angeville soumit, en 1843, à la Chambre des Députés, une proposition ainsi conçue :

« Les travaux d'irrigation des propriétés rurales entrepris soit collectivement, soit individuellement, pourront être déclarés d'utilité publique. Cette utilité sera reconnue dans les formes voulues par la loi du 3 mai 1841. »

22. Cette proposition a été et devait être repoussée par le motif que l'expropriation pour cause d'utilité publique ne pouvait jamais être étendue au delà des cas

qui permettent de faire fléchir le droit de propriété, devant une utilité publique constatée.

23. Le rapport qui concluait au rejet de la proposition de M. d'Angeville, s'exprimait, au surplus, en ces termes : « Il ne faut pas oublier que c'est à l'État seul, ou aux délégataires de sa puissance que notre droit public a réservé le privilége de l'expropriation pour cause d'utilité publique. Quoique l'intérêt particulier doive jusqu'à un certain point être ici considéré comme l'agent de l'intérêt général avec lequel il semble se confondre, ce serait peut-être heurter l'idée qu'on a de l'indépendance de la propriété et courir risque d'affaiblir le respect qui lui est dû que d'instituer une nouvelle cause d'expropriation dont un intérêt privé serait le mobile. »

Rapport de M. Dalloz à la Chambre des Députés. — Séance du 29 juin 1843. — *Moniteur* du 3 juillet.

24. La formule de M. d'Angeville pouvait être vicieuse, mais elle n'en constatait pas moins de fâcheuses lacunes dans la législation en ce qui concernait les irrigations et la nécessité de pourvoir aux nouveaux besoins qui s'étaient manifestés.

25. Les lois des 29 avril 1845 et 11 juillet 1847 ont pourvu aux besoins les plus urgents en facilitant la conduite et l'écoulement des eaux destinées à l'irrigation et en autorisant l'établissement de barrages nécessaires pour l'élévation des eaux.

26. La loi du 29 avril 1845 contient les dispositions suivantes :

« Tout propriétaire qui veut se servir, pour l'irrigation de ses propriétés, des eaux naturelles ou artificielles dont il a le droit de disposer, peut obtenir le passage de ces eaux sur les fonds intermédiaires à la charge d'une juste et préalable indemnité. » Art. 1er.

V. n. 261 et *suivants*.

27. « Sont exceptés de cette servitude les maisons, cours, jardins et enclos attenant aux habitations. » Art. 1er.

V. n. 319 et *suivants*.

28. « Les propriétaires des fonds inférieurs doivent recevoir les eaux qui s'écoulent des terrains ainsi arrosés, sauf l'indemnité qui pourra leur être due. » Art. 2.

V. n. 243 et *suivants*.

29. « Sont également exceptés de cette servitude les maisons, cours, jardins, parcs, enclos attenant aux habitations. » Art. 2.

30. « La même faculté de passage sur les fonds intermédiaires peut être accordée au propriétaire d'un terrain submergé en tout ou en partie, à l'effet de procurer aux eaux nuisibles leur écoulement. » Art. 3.

V. n. 356.

31. « Les contestations auxquelles peuvent donner lieu l'établissement de la servitude; la fixation du parcours de la conduite d'eau, de ses dimensions et de sa forme et les indemnités dues, soit au propriétaire du fonds traversé, soit à celui du fonds qui reçoit l'écoulement des eaux, sont portées devant les tribunaux qui, en prononçant, doivent concilier l'intérêt de l'opération avec le respect dû à la propriété. » Art. 4.

V. n. 358 et *suivants*.

32. La loi du 11 juillet 1847 dispose que « tout propriétaire qui veut se servir, pour l'irrigation de ses propriétés, des eaux naturelles et artificielles dont il a le droit de disposer, peut obtenir la faculté d'appuyer, sur la propriété du riverain opposé, les ouvrages d'art nécessaires à la prise d'eau, à la charge d'une juste et préalable indemnité. » Art. 1er.

V. n. 379 et suivants.

33. « Sont exceptés de cette servitude les bâtiments, cours et jardins attenant aux habitations. » Art. 1er.

V. n. 408 et suivants.

34. « Le riverain sur le fonds duquel l'appui est réclamé, peut toujours demander l'usage commun du barrage, en contribuant pour moitié aux frais d'établissement et d'entretien ; aucune indemnité n'est respectivement due dans ce cas, et celle qui aurait été payée doit être rendue. » Art. 2.

V. n. 412 et suivants.

35. « Lorsque cet usage commun n'est réclamé qu'après le commencement ou la confection des travaux, celui qui le demande doit supporter seul l'excédant de dépense auquel donnent lieu les changements à faire au barrage pour le rendre propre à l'irrigation des deux rives. » Art. 2.

36. « Les contestations auxquelles peuvent donner lieu les art. 1 et 2 de la loi du 11 juillet 1847, sont portées devant les tribunaux. » Art. 3.

37. Les lois des 29 avril 1845 et 11 juillet 1847 contiennent une disposition commune ainsi conçue :

« Il sera procédé devant les tribunaux comme en matière sommaire, et, s'il y a lieu à une expertise, il pourra n'être nommé qu'un seul expert. » Art. 4 et 3.

38. Ces deux lois n'ont pas eu pour but d'introduire dans la législation des principes nouveaux.

Le rapporteur de la loi de 1845 s'est exprimé formellement à cet égard en disant que le projet de loi « respectait profondément toutes les règles du Code civil qui déterminent les limites dans lesquelles un propriétaire peut disposer des eaux ; qu'il n'ajoutait rien au volume d'eau qui lui appartenait aux termes du Code civil ; qu'il lui faisait la simple concession d'une servitude de passage sur le fonds d'autrui pour faire arriver les eaux sur le sol que ce propriétaire veut irriguer. »

Séance du 12 fév. 1845. — *Moniteur* du 13.

39. La loi, au surplus, s'est expliquée catégoriquement à ce sujet en disposant qu'il n'est aucunement dérogé par la loi nouvelle aux dispositions qui règlent la police des eaux.

Loi 29 avril 1845, art. 5. Loi 11 juillet 1847, art. 4.

CHAPITRE II.

Exercice du droit d'Irrigation.

§ Ier. Rivières navigables et flottables. — Sources. — Cours d'eau.

40. *Rivières navigables et flottables*. L'art. 538 du Code civil dispose que les fleuves et rivières navigables et flottables doivent être considérés comme des dépendances du domaine public.

41. Les conséquences de cette disposition sont faciles à déduire. Il en résulte qu'il ne peut être fait usage des

eaux des fleuves et rivières navigables et flottables que
lorsque *la concession* en a été faite par les dépositaires
de l'autorité publique.

 V. n. 11 et suivants.

42. *Sources.* Les eaux de source ne peuvent non plus
donner lieu, quant à leur usage et à leur propriété, à de
graves difficultés, en ce qui concerne le propriétaire de
l'héritage sur lequel elles jaillissent.

L'art. 641 attribue en effet à ce propriétaire la jouissance exclusive des eaux de cette source en l'autorisant
à *en user à sa volonté.*

La jurisprudence a, de plus, reconnu à son profit un
véritable droit de propriété sur ces eaux.

43. Ce droit de propriété n'existe que lorsque les
eaux se trouvent sur le fonds d'où elles jaillissent.

En conséquence, le propriétaire de deux héritages
non contigus dans l'un desquels une source prend naissance, n'a pas dans chacun de ces héritages, sur les
eaux de la source, un droit égal ou indivisible.

Si comme propriétaire du fonds où naît la source, il
peut y exercer tous les droits que lui confère l'article
641 du Code civil, il n'a plus, comme propriétaire de
l'héritage inférieur, que les droits d'un simple riverain,
et par suite il ne peut, dans ce dernier cas, détourner les
eaux au préjudice des riverains inférieurs.

 Cass., 28 mars 1849, de Belleval, C. Lamarre (*Journal du Palais,*
  t. I, 1849, pag. 582).

44. *Cours d'eau.* Les solutions aux difficultés qui se
présentent, alors qu'il s'agit de cours d'eau qui bordent
ou traversent des propriétés, sont loin d'être aussi faciles.

Le silence gardé par le législateur en ce qui concerne

l'étendue et les limites des droits de l'administration publique, a laissé dans le vague et l'incertitude de nombreuses questions se rattachant à la jouissance de ces eaux.

45. Dans notre ancien droit, aucune règle n'existait relativement à la propriété et à la jouissance des eaux des petites rivières. Mais en vertu des droits féodaux, les seigneurs disposaient, d'une manière souveraine et absolue, de ces eaux.

46. Ils en disposaient tantôt en accordant à des riverains le droit de prise d'eau pour l'irrigation de leurs héritages, tantôt en concédant la disposition du cours d'eau à celui qui voulait bâtir un moulin ou une usine.

47. Par suite, les riverains ne pouvaient se servir de l'eau pour l'irrigation de leurs propriétés, qu'autant que la prise d'eau ne nuisait en rien au roulement de l'usine dont le propriétaire était devenu concessionnaire.

Proudhon, *Domaine public*, t. III, n. 1073.

48. Les concessions de jouissance des cours d'eau faites par les anciens seigneurs font-elles obstacle à l'exercice des droits conférés aux riverains par les art. 644 et 645 du Code civil?

49. M. Merlin a soutenu que ces concessions, se rattachant à des droits féodaux abolis par les lois de 1790 et de 1791, avaient dû disparaître avec ces droits euxmêmes.

Merlin, *Questions de droit. V. Cours d'eau*, § 1.

50. Un arrêt de cassation a consacré cette doctrine.

V. Cass., 21 juillet 1834, Lombard de Quincieux, C. Chazel.

51. Mais la jurisprudence contraire a prévalu.

V. Cass. 23 vent. an x, commune de Greisembach, C. Presseler; — 19 juillet 1830, Buger et Michel, C. Dormoy; — 10 avril 1838,

Arrosants de Caramany, C. de Rivesaltes (*Journal du Palais* t. II, 1838, pag. 232); 9 août 1843, Amai et Drulhon, C. Cavalier (*Journal du Palais*, t. I, 1844, pag. 295).

52. Nous pensons avec Merlin, et conformément à l'arrêt de cassation du 21 juillet 1834, que les concessions de jouissance des rivières faites par les anciens seigneurs se sont évanouies avec les droits féodaux, en vertu desquels ces concessions avaient été accordées.

53. Sans doute, les usines établies par suite de ces concessions doivent être prises en sérieuse considération dans la répartition à faire des eaux; mais elles ne peuvent, suivant nous, donner lieu à un monopole que la loi repousse et qui ne saurait trouver de base utile dans des titres viciés à leur origine et frappés de stérilité par la législation nouvelle.

V. Proudhon, *Domaine public*, t. III, n. 1073 et 1074.

54. L'art. 644 dispose : que celui dont la propriété borde une eau courante autre que celle qui est déclarée dépendance du domaine public, *peut s'en servir* à son passage pour l'irrigation de sa propriété;

Que celui dont cette eau traverse l'héritage peut même en user dans l'intervalle qu'elle y parcourt, mais à la charge de la rendre, à la sortie de son fonds, à son cours ordinaire.

55. Il est constant que, dans ce cas, le propriétaire riverain du cours d'eau n'a aucun droit de propriété sur les eaux qui bordent ou traversent son héritage.

L'art. 644 ne lui concède qu'un droit d'usage.

56 Ce droit d'usage est loin d'être absolu, et si l'exercice en est contesté par les riverains inférieurs ou supérieurs, les tribunaux déterminent dans quelle mesure

et avec quelles restrictions il doit recevoir son exécution.

57. *Dans tous les cas*, les règlements particuliers et
locaux sur le cours et l'*usage* des eaux *doivent être
observés* Code civil, art. 645.

V. n. 159 et *suivants*.

58. L'autorité administrative ne se borne donc pas à
exercer, sur l'usage des eaux, un droit de surveillance ;
elle peut, en dehors des usages locaux, des conventions
des parties, des décisions judiciaires elles-mêmes, et
avec une omnipotence qui semble sans limite, régler le
mode et l'étendue de la jouissance de chaque propriétaire riverain du cours d'eau.

59. Cependant il est constant que l'État n'a pas, dans
ce cas, un droit absolu, puisque les riverains ont, de leur
côté, un droit d'usage sur les cours d'eau et qu'ils ne
peuvent, en aucun cas, être complétement dépouillés
de l'exercice de ce droit.

60. De la combinaison des art. 644 et 645 du Code
civil, il résulte donc un certain vague et une fâcheuse
incertitude sur les limites des droits de l'État et des
riverains des cours d'eau.

61. Les propriétaires riverains des cours d'eau ont
des droits égaux à l'usage des eaux, bien qu'à raison
de leur position topographique les propriétaires des
fonds supérieurs exercent leur droit avant les propriétaires des fonds inférieurs.

Les premiers ne peuvent, en conséquence, rien faire
qui empêche les seconds de jouir des eaux à leur tour.

Cass., 21 août 1844, Baric et Letanneur, C. Combes et Depins
(*Journal du Palais*, t. II, 1847, pag. 706).

62. L'art. 644 dispose que ceux-là seuls dont les propriétés sont bordées ou traversées par des eaux courantes peuvent se servir de ces eaux pour l'irrigation de leurs fonds.

63. Celui dont le fonds est séparé du cours d'eau par un chemin public ne peut donc être considéré comme riverain.

Toulouse, 26 nov. 1832, Santons, C. Garin ; Daviel, *des Cours d'eau,* t. II, n. 598.

Jugé de même que lorsqu'un cours d'eau a son lit au milieu d'un chemin public, mais sans se répandre dans toute sa largeur, le propriétaire dont le fonds touche le chemin ne peut revendiquer le droit accordé au riverain de se servir de l'eau à son passage pour l'irrigation de sa propriété.

Angers, 28 janvier 1847, Ragot, C. Semier (*Journal du Palais,* t. II, 1847, pag. 453).

64. Les mots *à son passage* de l'art. 644 du Code civil ont donné lieu à la question de savoir si un terrain riverain du cours d'eau pouvait être arrosé à l'aide d'une saignée pratiquée sur un terrain supérieur.

65. La question s'est présentée dans les circonstances suivantes :

Un sieur Giraud Agnel, possédant le long du cours d'eau de la Drouille un terrain de trois hectares, ne pouvait se servir du cours d'eau pour l'irrigation de ce terrain à raison de l'élévation du sol ; pour obtenir le bénéfice de l'irrigation, il fit l'acquisition d'une parcelle de terrain placée en amont et de niveau avec le cours d'eau, puis il pratiqua sur ce terrain séparé du premier par un chemin, une saignée à l'aide de laquelle il conduisit l'eau sur son fonds de trois hectares.

Procès intenté par un co-riverain qui prétendait que

la prise d'eau pratiquée sur la parcelle de terrain ne pouvait être utilisée que pour cette parcelle et que l'eau ne devait pas être amenée sur les trois hectares qui, par leur disposition, ne pouvaient participer à l'irrigation, puisqu'il était impossible de les mettre en communication avec le cours d'eau par les rives qui en bordaient le cours.

La Cour d'Aix accueillit cette prétention en décidant que, si l'art. 644 confère à celui dont la propriété borde une eau courante la faculté d'en user pour l'irrigation de ses propriétés, c'est à la condition qu'il se servira de cette eau à son passage ; qu'ainsi le droit d'user de l'eau n'appartient au riverain qu'au moment où elle passe le long de sa propriété ; que si un riverain établit sa prise d'eau en amont et hors de la propriété qu'il veut arroser, il use d'une eau dont il n'a pas le droit de disposer ; il usurpe le droit et la chose d'autrui.

Aix, 30 juin 1845, Giraud Agnel, C. de Brunet (Journal du Palais, t. I, 1846, pag. 327).

66. Cet arrêt repose sur une fausse interprétation de l'art. 644 du Code civil. Cet article, en effet, dispose d'une manière absolue que celui dont la propriété borde une eau courante, peut s'en servir à son passage pour l'irrigation de ses propriétés. Le droit de se servir d'un cours d'eau pour l'irrigation existe donc au profit de tous ceux dont les propriétés bordent le cours d'eau. La loi ne s'occupe, en aucune manière, du mode à l'aide duquel ce droit pourra être exercé ; ainsi peu importe que l'eau arrive sur le terrain riverain par une saignée pratiquée directement ou bien qu'elle y soit conduite à l'aide d'un canal qui va prendre l'eau à un point supérieur du cours d'eau ; dans l'un et l'autre cas, les con-

ditions de la loi se trouvent accomplies, l'eau est prise à son passage et elle arrose des propriétés riveraines du ruisseau.

67. Cette doctrine, au surplus, avait déjà été consacrée par un arrêt de la Cour de Bourges et un arrêt de cassation. La Cour de cassation motivait ainsi sa décision : « Attendu que l'arrêt attaqué a décidé que les propriétaires riverains du cours d'eau dont il s'agit avaient droit d'en user à son passage devant leurs propriétés, quand même ils auraient besoin, pour faciliter cet usage, de se servir, à raison de l'escarpement de leurs héritages, de la prise d'eau pratiquée sur le fonds riverain supérieur et de la prolonger jusque sur leur terrain, à la charge de rendre les eaux à leur cours ordinaire ; qu'en le jugeant ainsi, l'arrêt attaqué n'a fait qu'appliquer l'art. 644 du Code civil d'après son véritable esprit et d'après sa combinaison avec l'art. 645.

Cass., 11 avril 1837, Blain, C. Alexandre (*Journal du Palais*, t. I, 1837, pag. 271).

68. L'arrêt de la Cour d'Aix, dont nous venons de parler, soumis à la Cour de cassation, a été cassé par cette Cour qui a statué en ces termes sur la question :

« Attendu que le droit accordé par l'art. 644 du Code civil au propriétaire de se servir de l'eau courante pour irriguer le terrain dont elle touche les bords, repose sur un principe d'équité en ce que ce droit est l'indemnité naturelle des inconvénients inséparables du voisinage du cours d'eau, en même temps qu'il a pour but de favoriser les travaux de l'agriculture ;

« Que la conséquence nécessaire est que l'arrosement est permis sans distinction entre le cas où la prise d'eau est praticable dans la propriété même qu'on veut irriguer et le cas où elle ne peut y être établie ;

« Que le moyen de dérivation est tout à fait étranger à la volonté de l'art. 644, le propriétaire tenant toujours de cet article un droit de jouissance sur les eaux à leur passage, abstraction faite du procédé dont il usera pour l'exercice de ce droit. »

Cass., 14 mars 1849, Giraud Agnel, C. de Brunet (*Journal du Palais*, t. II, 1849, pag. 143).

69. Après cette double décision de la Cour de cassation, la question doit être considérée comme souverainement jugée dans le sens de ces deux arrêts.

70. Le riverain peut user des eaux courantes qui bordent ou traversent sa propriété, non-seulement pour l'irrigation des fonds, au profit desquels ce droit se trouve consacré par la possession et l'usage, mais encore pour l'irrigation des terrains dont il fait l'acquisition ultérieurement, et encore que ces terrains ne fussent pas antérieurement arrosés.

71. Vainement opposerait-on qu'un propriétaire pourrait, par des acquisitions successives, absorber, au détriment des héritages inférieurs, un volume d'eau considérable.

72. L'art. 644 du Code civil accorde à chaque riverain, d'une manière générale et absolue, le droit d'user des eaux courantes pour l'irrigation *de leurs propriétés* sans distinguer les propriétés nouvelles des anciennes.

73. D'ailleurs, comment établir la distinction et déterminer la portion de propriété qui devrait bénéficier de l'irrigation?

74. Au surplus, l'art. 645 donne aux tribunaux le

droit de réprimer les abus de jouissance s'il vient à s'en manifester.

V. n. 151 et *suivants.*

75. Les juges devront, dans ce cas, en facilitant les tentatives d'amélioration faites par le propriétaire qui a agrandi son domaine, accorder toutes les garanties possibles aux autres riverains.

Daviel, *des Cours d'eau,* t. II, n. 587.

76. De son côté, l'autorité peut, par des règlements d'administration publique, restreindre dans de justes limites la jouissance de l'eau.

V. n. 159 et *suivants.*

77. Par les raisons que nous venons d'indiquer, le fonds qui a profité de l'irrigation au moyen de sa réunion avec le fonds riverain du cours d'eau, doit cesser d'avoir la jouissance des eaux, s'il cesse d'appartenir au même propriétaire.

V. cependant n. 145 et *suivants.*

78. Il en serait de même de la parcelle du fonds ayant profité de l'irrigation et qui, par un motif quelconque, viendrait à en être détachée par le propriétaire du terrain riverain du cours d'eau.

§ **II.** — **Droit à l'usage des eaux par convention ou prescription.** — **Perte de ce droit.**

79. *Abstention de l'usage des eaux.* L'usage des eaux pour l'irrigation est, par sa nature, imprescriptible par le non-usage.

Bourges, 8 janvier 1836, Gestat, C. Gourjon; Daviel, *des Cours d'eau,* t. II, n. 581; Proudhon, *Domaine public,* t. IV, n. 1485; Valserres, *Manuel du droit rural,* pag. 425.

80. Proudhon fait avec raison observer que le droit

d'irrigation qui appartient à tous les propriétaires riverains des cours d'eau n'est pas un droit de servitude qu'ils exercent sur les fonds les uns des autres, et qu'en conséquence aucun d'eux ne peut dire que son héritage demeure affranchi de la servitude par le non-usage pendant trente ans.

Proudhon, *Domaine public*, t. III, n. 1095.

81. Ainsi, le propriétaire riverain dont l'héritage est en nature de labour, pourra toujours le convertir en prairie et y amener l'eau nécessaire aux irrigations, alors même que le propriétaire opposé aurait été, de temps immémorial, en possession de profiter seul des eaux pour l'irrigation de ses propriétés.

Vazeille, *des Prescriptions*, t. II, n. 407.

82. Jugé de même que la possession exclusive des eaux par un des riverains ne fait pas cesser, au préjudice des fonds supérieurs, la faculté d'irrigation résultant de la riveraineté.

Grenoble, 24 novembre 1843, Christophe, C. Michel (*Journal du Palais*, t. 2, 1846, pag. 235).

83. Cependant le droit à l'usage des eaux peut cesser soit par l'effet de conventions, soit par des circonstances desquelles résulte l'abandon de ce droit.

84. Les propriétaires riverains qui ont ainsi abandonné leurs droits doivent alors être considérés comme ayant imposé sur leurs fonds une servitude négative en faveur de leurs voisins.

Proudhon, *Domaine public*, t. III, n. 1096.

85. *Convention expresse.* Le droit cesse par l'effet des conventions lorsque l'un des riverains stipule dans un acte qu'il renonce à se servir des eaux.

86. *Convention tacite et prescription.* Il cesse par suite

3.

de l'abandon qui en a été fait, lorsque le riverain a obtempéré à la défense à lui faite d'exercer le droit d'irrigation et si depuis la prescription a été acquise.

L'acquiescement tacite, donné dans ce cas à la prétention contraire à l'exercice de ce droit, forme entre les parties une convention tacite de renonciation.

87. Ces principes ont été consacrés par un arrêt de la Cour de cassation qui décide que *les facultés*, bien qu'imprescriptibles par leur nature, peuvent cependant se perdre par la prescription *lorsqu'il y a eu contradiction*.

> Cass., 4 avril 1842. Agnel, C. Brunet (*Journal du Palais*, t. I, 1842, pag. 556).

88. Si donc un propriétaire riverain d'un ruisseau, s'étant préparé à convertir son champ labourable en prairie et ayant creusé une rigole pour l'arroser, le propriétaire d'une autre prairie ou d'une usine lui a fait défense de continuer ce travail, il s'exposerait à voir périr, par la prescription, son droit de pure faculté en s'arrêtant devant une pareille défense, parce qu'à partir de ce moment le non-usage de son droit semblerait un acquiescement à la prétention de son voisin.

> Daviel, *des Cours d'eau*, t. II, n. 582.

89. Il a été de même jugé avec raison que les dérogations à un règlement local peuvent, alors que ces dérogations ont continué pendant plus de trente ans, avoir pour résultat de modifier les droits d'usage garantis par ce règlement.

90. Ainsi, lorsqu'en présence d'un règlement qui attribuait à l'un des riverains d'un cours d'eau le droit de prendre l'eau à une heure déterminée, il est arrivé qu'une fois par semaine les domestiques d'un meunier,

dont l'usine était inférieure, sont venus précisément à cette heure arrêter la prise d'eau pour rejeter l'eau dans le canal qui la conduisait au moulin, et lorsque cet état de choses s'est perpétué pendant trente années sans contestation de la part du propriétaire dont les eaux ont été ainsi détournées contrairement au règlement, la prescription est acquise et le meunier ne saurait être dépouillé du droit qui lui appartient de disposer des eaux.

> Grenoble, 17 août 1842, Buissonnet, C. de Barrin (*Journal du Palais,* t. II, 1846, pag. 238).

La Cour de Paris a jugé le contraire, mais sans donner de motifs.

> Paris, 30 avril 1844, Benard, C. Georgeon (*Journal du Palais,* t. II, 1846, pag. 234).

91. Plusieurs auteurs ont pensé que la perte du droit à l'usage des eaux pouvait, en outre, résulter de l'établissement, sur le fonds supérieur, de travaux ayant pour objet et pour résultat de conduire la totalité de ces eaux sur les fonds inférieurs.

> Dubreuil, *Législation des eaux,* liv. III, n°ˢ 128 et 129 ; Proudhon, *Domaine public,* t. IV, n. 1435.

92. Nul doute que la prescription ne puisse exister lorsqu'il s'agit des eaux d'une source et lorsque les travaux ont été exécutés sur l'héritage où cette source prend naissance.

93. Les art. 641 et 642 du Code civil, qui disposent qu'il y a lieu dans ce cas à prescription et que la prescription peut s'acquérir par une jouissance non interrompue pendant trente années, à compter du moment où le propriétaire du fonds inférieur a fait et terminé des ouvrages apparents destinés à faciliter la chute et le cours de l'eau dans sa propriété, ne peuvent laisser aucun doute à cet égard.

94. La Cour de cassation a fait application de cette doctrine dans une espèce qui présentait les circonstances suivantes : Un riverain d'un cours d'eau avait établi, au travers de ce cours d'eau, un barrage destiné à élever le niveau de l'eau et à la faire parvenir sur son terrain. Ce barrage avait été appuyé sur le terrain voisin. Pendant plusieurs années, le propriétaire qui avait établi le barrage avait eu seul la jouissance des eaux. Son co-riverain, ayant fait une prise d'eau sur le ruisseau, fut actionné devant le juge de paix par son voisin qui prétendit que sa jouissance plus qu'annale de l'intégralité des eaux lui donnait le droit d'interdire, aux propriétaires des fonds supérieurs, tout usage de ce cours d'eau.

95. Cette prétention, repoussée par le juge de paix, fut admise sur l'appel par le tribunal de première instance.

96. La Cour de cassation, saisie par un pourvoi, a statué en ces termes :

« Considérant qu'il est établi en fait par le tribunal de première instance, que les travaux ont été établis sur le terrain du demandeur en cassation par le défendeur éventuel; que ces travaux destinés à la conduite et au détournement des eaux, étaient une déclaration manifeste que ledit défendeur entendait s'attribuer la jouissance desdites eaux au préjudice d'Agnel;

« Que dès lors la faculté qu'avait eue antérieurement Agnel de profiter des eaux, se trouvait légalement paralysée par la possession annale contraire du défendeur éventuel, lequel a pu et dû être maintenu dans cette

possession qui réunissait tous les caractères voulus par
la loi.»

> Cass., 4 avril 1842, Agnel, C. Brunet (*Journal du Palais*, t. I, 1842,
> pag. 556).

97. Jugé également qu'un mode de jouissance des
eaux d'une rivière peut constituer une servitude continue et s'acquérir par prescription lorsqu'il existe des
ouvrages apparents pour recevoir les eaux avec conti-
nuité, bien que cette jouissance n'ait lieu qu'à des in-
tervalles périodiques fixés par un règlement administratif.

> Grenoble, 17 août 1842, Buissonnet, C. Barrin (*Journal du Palais*,
> t. II, 1846, pag. 238).

98. La prescription acquise par suite de l'établissement
sur un des fonds riverains du cours d'eau, d'ouvrages
apparents et de la jouissance des eaux pendant le temps
nécessaire pour prescrire, constitue-t-elle un droit absolu à la jouissance des eaux? Cette prescription peut-
elle être opposée à tous les riverains indistinctement?

Nous ne le pensons pas.

Nul doute, en présence de la jurisprudence, que la
prescription ne soit opposable à celui sur le fonds duquel les ouvrages ont été construits. Mais l'existence de
ces ouvrages, étrangers aux autres riverains, et qui
n'ont pu en rien modifier leurs droits, ne saurait leur
être opposée.

Ils peuvent donc, suivant nous, soutenir que la prescription n'existe pas vis-à-vis d'eux et demander que
l'usage des eaux soit réglé conformément aux dispositions de la loi.

99. Il importe d'observer que la prescription ne saurait exister qu'alors que les travaux qui tendent à attri-

buer à l'un des riverains l'usage exclusif des eaux, ont été établis *sur le fonds même de celui au préjudice duquel cette prescription peut être opposée.*

100. En conséquence, il n'existe aucune prescription et aucun droit acquis au profit du propriétaire d'un moulin établi sur un cours d'eau, bien que pendant plus de trente années ce moulin ait absorbé la totalité du volume d'eau.

Les riverains de ce cours d'eau ne sauraient être réputés avoir renoncé à leurs droits, par cela seul qu'ils n'auraient pas réclamé contre l'établissement ou l'exploitation de cette usine.

Cass., 25 août 1812, Besnard, C. Mannoir; Cass., 6 juillet 1825, Lalouel, C. Polinière; Grenoble, 17 juillet 1830, Chazel, C. Lombard; Cass., 21 juillet 1834; Cass., 7 juillet 1837, Lignières, C. Guibert (*Journal du Palais*, t. II, 1837, pag. 246; Daviel, *des Cours d'eau*, t. II, n. 583).

101. Le même principe est applicable en matière d'action possessoire; l'action possessoire ne pouvant être exercée que lorsque la possession réclamée a le caractère nécessaire pour fonder la prescription.

V. n. 94, 95 et 96.

102. Il a été en conséquence jugé que pour que la possession d'un cours d'eau soit prescriptible et puisse donner lieu à l'action possessoire, il faut qu'il soit constant que les ouvrages ont été établis sur le fonds supérieur et par le propriétaire du fonds inférieur.

Cass., 6 juillet 1825, Lalouel, C. Polinière.

103. Cette doctrine est combattue par M. de Valserres qui, invoquant les dispositions de l'art. 2229 du Code civil, soutient qu'il suffit, pour que la prescription puisse exister, que la possession ait été continue, paisible, publique, non équivoque et à titre de propriétaire; que la loi n'exige pas d'autres conditions pour prescrire, et qu'il est contraire à son esprit de vouloir que les travaux aient été faits sur les fonds supérieurs; qu'il suffit qu'ils aient été exécutés sur le fonds inférieur pourvu qu'ils soient visibles.

M. de Valserres cite à l'appui de son système un arrêt de cassation, du 4 février 1829, Barbet, C. Gombert.

De Valserres, *Manuel de Droit rural*, pag. 424.

104. Cet arrêt est complétement étranger à la question discutée par M. de Valserres, puisque dans l'espèce soumise à la Cour de cassation il s'agissait uniquement de la question de savoir si le juge de paix, saisi d'une question possessoire, avait pu, pour apprécier les caractères de la possession, examiner et apprécier les titres de celui qui avait formé l'action.

105. La disposition de l'art. 2229 du Code civil ne saurait évidemment s'appliquer au cas qui nous occupe, par la raison que les propriétaires, soit inférieurs, soit supérieurs, n'ont aucun moyen de s'opposer à l'établissement des travaux que leur co-riverain fait sur son propre fonds, et que dès lors il est impossible de faire courir contre eux une prescription à laquelle ils ne peuvent s'opposer par aucune voie légale.

106. Il a même été jugé que celui qui vend une usine située dans la partie inférieure de son domaine avec les écluses, eau, cours d'eau servant à la mettre en mouvement, ne perd pas pour cela la faculté de se servir des eaux pour l'irrigation de la partie supérieure du domaine par lui conservée.

Cass., 6 janvier 1824, Colvray et Rivet, C. Déjoux.

107. Il est bon toutefois de faire observer que l'arrêt

ajoute : *pourvu qu'il n'en résulte aucun dommage pour les propriétaires de l'usine.*

En effet si le vendeur, dans le cas que nous venons de signaler, conserve, nonobstant la vente par lui faite, le droit de se servir des eaux conformément à l'art. 644 du Code civil, il ne peut user de ce droit qu'en donnant à son acquéreur la quantité d'eau nécessaire pour l'exploitation de l'usine qu'il lui a cédée et dont il lui a garanti la jouissance.

108. Jugé que celui qui a acquis par prescription la servitude d'aqueduc, au moyen d'un canal pratiqué depuis plus de trente ans, sur le fonds voisin, ne peut être considéré comme ayant aggravé abusivement la servitude parce qu'il aurait utilisé la prise d'eau pour faire fonctionner une usine, tandis qu'il ne s'en servait antérieurement que pour l'arrosage de ses prairies.

Grenoble, 17 juillet 1847, de Mortillet, C. Guinet (*Journal du Palais*, t. I, 1848, pag. 436). Cass., 6 mars 1849, de Mortillet, C. Guinet (*Journal du Palais*, t. II, 1849, pag. 49).

§ III. — Eaux rendues à leur cours naturel.

109. Si les riverains du cours d'eau ont le droit d'user des eaux pour l'irrigation de leurs propriétés, ce droit ne leur a été accordé qu'à la condition par eux d'en jouir de manière à permettre aux riverains inférieurs de profiter aussi de ces eaux, c'est dans ce but que l'art. 645 du Code civil exige que lorsqu'il a été fait usage des eaux elles soient rendues à la sortie des fonds à leur cours ordinaire.

110. La faculté, dit à ce sujet M. Pardessus, qui est donnée par l'art. 644, ne doit pas dégénérer dans une occupation tellement exclusive que les riverains infé-

rieurs en soient privés. L'eau est pour tous un don de la nature, que chacun de ceux à qui elle peut être utile a le droit de réclamer. La seule différence consiste en ce que la disposition des lieux la donne à l'un avant les autres. Mais ce n'est là qu'une sorte de dépôt dont il ne peut tirer parti qu'autant qu'il ne prive pas ces derniers du même droit. La loi ne lui permet que l'usage, elle lui interdit l'abus.

Pardessus, *des Servitudes*, t. I, n. 106.

111. Il existe donc, en ce qui concerne la jouissance des cours d'eau, des obligations corrélatives, une servitude réciproque entre les propriétaires supérieurs et les propriétaires inférieurs, de sorte que leurs fonds sont, respectivement les uns aux autres, dominants ou assujettis, suivant qu'il s'agit de transmettre ou de recevoir les eaux.

Daviel, *des Cours d'eau*, t. II, n. 701.

112. Jugé conformément à ces principes que celui dont un ruisseau traverse l'héritage ne peut en absorber les eaux de manière à en priver, dans les sécheresses, les propriétaires inférieurs et qu'il ne suffit pas qu'il rende, à la sortie de son fonds, le ruisseau à son cours ordinaire.

Cass., 7 avril 1807, Bollet, C. Chevillard.

113. Jugé également que, bien que le propriétaire des deux rives d'un cours d'eau ait un droit de jouissance plus étendu que celui du simple riverain, en ce sens qu'il peut détourner, dans son domaine, le lit du cours d'eau, à la charge de rendre les eaux à leur cours ordinaire à la sortie de ses propriétés, il ne peut cependant absorber, même pour ses besoins, la totalité des eaux, et il est tenu de n'user de son droit que de manière à ménager, dans une juste mesure, aux propriétaires des fonds inférieurs, l'exercice, la même faculté sur les eaux.

Cass., 21 août 1844 et 8 juillet 1846; Baric et Letanneur, C. Combes et Depins. (*Journal du Palais,* t. II, 1847, pag. 706).

114. Les eaux doivent donc être rendues à leur cours ordinaire, sans avoir été trop considérablement diminuées.

Daviel, *des Cours d'eau,* t. II, n. 701.

115. Le 15 juillet 1807 la Cour de cassation a cependant rejeté le pourvoi formé contre un arrêt de la Cour royale de Paris, qui se bornait à décider que le propriétaire supérieur avait satisfait aux prescriptions de l'art. 644 du Code civil en rendant l'eau à son cours ordinaire alors qu'il était constant, en fait, que dans les temps de sécheresse la totalité des eaux, ou à peu près, se trouvait absorbée par les irrigations du propriétaire supérieur.

Cass., 15 juillet 1807, Berthelin, C. Provence.

116. Mais il est utile de remarquer que l'arrêt de la Cour de Paris, déféré à la Cour de cassation, est muet sur la question de l'absorption des eaux, et qu'il se borne à constater en fait que les eaux étaient rendues à leur cours ordinaire, ce qui rendait impossible la cassation.

117. Il est constant que celui qui use d'une eau courante, à son passage sur ses fonds, n'est pas obligé de rendre le même volume d'eau ; s'il en était autrement, la faculté d'irrigation, qui absorbe nécessairement une quantité plus ou moins grande d'eau, deviendrait complétement illusoire.

Besançon, 24 mai 1828, Tugnot, C. Accarier.

118. D'un autre côté il est également constant que
les propriétaires des fonds inférieurs ne doivent pas être
réduits à n'avoir que la surabondance des fonds supérieurs.

119. Cette proposition est incontestable alors surtout
qu'il est évident que c'est pour nuire à son voisin, et
sans utilité pour lui-même, que le riverain supérieur
absorbe dans son fonds tout ou la plus grande partie du
volume d'eau.

Daviel, *des Cours d'eau*, t. II, n. 706.

120. M. Daviel ajoute, sous le même numéro, que
celui dont un cours d'eau traverse l'héritage ne peut
changer la pente ou le mode de construction du canal,
s'il résulte de l'innovation diminution dans le volume
des eaux qui arrivent au propriétaire inférieur.

121. Cette proposition nous semble trop absolue. Il
peut être en effet, dans certains cas, nécessaire que le
propriétaire riverain, pour jouir du droit d'irrigation,
que la loi lui concède, modifie la pente et la largeur du
cours d'eau.

122. Dans ce cas s'est-il renfermé dans les limites de
son droit? a-t-il respecté celui de ses co-riverains? a-t-il,
par les travaux qu'il a exécutés, porté préjudice à
ceux-ci? Ces questions sont du domaine des tribunaux,
qui auront à les examiner et à fixer les droits de chacun.

Besançon, 24 mai 1828, Tugnot, C. Accarier. *V.* n. 151 et *suivants*.

123. Il est incontestable que lorsque les eaux, par
leur abondance, peuvent permettre l'extension du simple
usage sans porter aucun préjudice à personne, les
moyens qu'emploieraient les riverains pour arroser plus
complétement leurs fonds devraient être tolérés. Ce qui

est profitable à l'un et ne nuit à personne doit être permis.

Prodesse enim sibi quisque dum alii non nocet, non prohibetur, liv. 1, § 11, *de aquâ et aquœ*.

Proudhon, *Domaine public*, t. IV, n. 1421.

124. Les eaux ne doivent pas être corrompues ou transmises avec des intermittences nuisibles pour les riverains inférieurs.

Daviel, *des Cours d'eau*, t. II, n. 701.

125. En conséquence, le riverain d'un cours d'eau qui s'en sert à son passage pour les besoins de son usine, sans prendre les précautions nécessaires pour qu'elles arrivent aux propriétaires inférieurs dans un état convenable est passible de dommages-intérêts envers ceux-ci.

Bordeaux, 12 avril 1848, Dupuy, C. Dumas (*Journal du Palais*, t. II, 1848, pag. 141).

126. Les tribunaux, en l'absence de réglements, sont investis d'un pouvoir discrétionnaire en ce qui concerne l'étendue de l'usage du cours d'eau par les riverains.

Cass., 21 août 1844 et 8 juillet 1846, Baric et Letanneur, C. Combes et Depins (*Journal du Palais*, t. II, 1847, pag. 706).

127. L'article 645 dispose en effet que, s'il s'élève des contestations entre les propriétaires auxquels les eaux peuvent être utiles, les tribunaux, en prononçant, doivent concilier l'intérêt de l'agriculture avec le respect dû à la propriété, et que dans tous les cas, les règlements particuliers et locaux sur le cours et l'usage des eaux doivent être observés.

V. n. 151 et *suivants*.

128. L'obligation de rendre les eaux à leur cours naturel est une condition indispensable de la prise d'eau.

129. En conséquence, le riverain qui dérive les eaux

pour l'irrigation de son fonds, doit disposer ses rigoles de réversion de manière à ramener dans le lit du cours d'eau toute l'eau que sa prairie n'a pas absorbée.

Daviel, *des Cours d'eau*, t. II, n. 588.

130. Il ne peut jeter cette eau dans des bétaires, ou la perdre dans des marécages trop bas pour qu'elle puisse être rendue à son cours ordinaire.

Daviel, *des Cours d'eau*, t. II, n. 588.

131. Partout où, par la disposition des lieux, cette condition de la restitution de l'eau à son cours ordinaire ne pourrait être accomplie, le droit ne saurait être exercé, et toute disposition qui consommerait les eaux en pure perte, doit être sévèrement prohibée.

Daviel, *des Cours d'eau*, t. II, n. 588.

132. Jugé cependant que les tribunaux doivent ordonner l'exécution de conventions intervenues entre deux riverains, bien qu'il en résulte pour l'une des parties la dispense de rendre à leur cours naturel les eaux détournées.

Cass., 18 novembre 1845, Benoît-Lacombe, C. veuve et héritiers Dusordet, (*Journal du Palais*, t. I, 1846, pag. 518).

133. Ce serait à tort que l'on tirerait de cet arrêt la conséquence qu'il a été jugé en principe que, lorsqu'il est intervenu entre plusieurs riverains d'un cours d'eau des conventions aux termes desquelles l'un d'eux est dispensé de rendre à leur cours naturel les eaux qu'il a détournées, la dispense existe d'une manière absolue.

134. L'arrêt du 18 novembre 1845 ne décide rien autre chose, si ce n'est que celui qui accorde cette dispense ne peut critiquer l'exécution de conventions qu'il a lui-même consenties.

135. La décision serait nécessairement tout autre, si

l'un des riverains autre que ceux qui ont participé à cette convention, venait réclamer l'exécution des prescriptions de l'art. 645 du Code civil, et demandait la restitution des eaux à leur cours ordinaire.

136. Mais les tribunaux doivent ordonner l'exécution des conventions par lesquelles les propriétaires riverains ont réglé entre eux l'usage des eaux.

Besançon, 24 mai 1828, Tugnot, C. Accarier; Cass., 18 nov. 1845, Benoît-Lacombe, C. veuve et héritiers Busordet (*Journal du Palais*, t. I, 1846, pag. 518).

137. En conséquence, le propriétaire d'une des rives du cours d'eau pourrait, avec le consentement du propriétaire de la rive opposée, dériver entièrement le cours d'eau au travers de son fonds, pourvu qu'à sa sortie il fût rendu à son cours ordinaire.

Daviel, *des Cours d'eau*, t. II, n. 592.

138. Les tribunaux sont compétents pour apprécier les droits à la jouissance des eaux, déterminés par les règlements administratifs.

V. n. 153.

139. Ils peuvent, en l'absence de règlements et d'usages locaux, fixer ce mode de jouissance.

V. n. 157.

§ **IV.** — **Droit à la jouissance des eaux au profit des propriétaires non riverains.**

140. L'art. 644 du Code civil semble n'admettre à la jouissance des eaux que les seuls riverains des cours d'eau.

141. Cependant l'art. 645, en disposant qu'en cas de contestation entre les propriétaires *auxquels les eaux* *peuvent être utiles,* les règlements particuliers et locaux doivent être observés, indique que d'autres que les riverains des cours d'eau peuvent avoir des droits d'irrigation à exercer.

142. Nul doute, en effet, en présence de cette disposition, que le propriétaire d'un fonds inférieur non riverain du cours d'eau n'ait, dans certains cas, droit de réclamer l'exécution des règlements qui lui garantissent l'usage de l'eau.

143. Ainsi, depuis et avant le Code civil il existait dans certains cas, pour quelques-uns de ces propriétaires, des droits à la jouissance des eaux.

144. Ces droits résultaient non-seulement des règlements locaux, mais encore de la destination du père de famille, de concessions faites par les riverains et de la prescription.

145. *Destination du père de famille.* La jurisprudence reconnaît le droit du non riverain à la jouissance des eaux, dans le cas de servitude établie par destination du père de famille.

146. Ainsi, il a été jugé qu'un non riverain pouvait être reconnu avoir un droit acquis à l'irrigation, alors qu'il était établi que son fonds avait autrefois fait partie d'un domaine traversé par le cours d'eau; qu'à cette époque il était en possession de jouir de l'arrosage et que le cours d'eau avait été séparé du domaine par échange entre co-héritiers et sans que le droit à l'usage des eaux ait subi d'interversion.

Besançon, 4 juillet 1840. Lebrun, C. Verne; cet arrêt se trouve rapporté avant l'arrêt de cassation du 9 janvier 1843 (*Journal du Palais,* t. I, 1843, pag. 492).

147. Les auteurs qui ont écrit sur la matière ont

aussi reconnu le droit résultant de la destination du père de famille, notamment lorsqu'il existait des rigoles sur toute l'étendue de l'héritage, depuis divisé, mais antérieurement réuni dans la même main et lorsqu'aucune réserve formelle n'avait été faite dans les actes de vente ou de partage.

Duranton, t. V, n. 234; Proudhon, *Domaine public*, t. IV, n. 1334 et 1364; Daviel, *des Cours d'eau*, t. II, n. 590; — *Contra*; Pardessus, *des Servitudes*, t. I, n. 106.

148. Les droits résultant de la destination du père de famille n'existent que relativement aux héritages pour lesquels ils ont été créés.

En conséquence, il a été jugé que lorsqu'un propriétaire en vendant deux prés à deux acquéreurs différents a réglé entre eux la distribution des eaux, servant à l'irrigation commune, cette stipulation n'oblige les parties que respectivement aux héritages vendus; si donc l'une d'elles se rend plus tard acquéreur d'un héritage supérieur appartenant à un tiers, elle a le droit d'intercepter au profit de sa nouvelle propriété les eaux pluviales sans qu'on puisse lui opposer la précédente convention.

Limoges, 16 juin 1846, Audin, C. Mismes (*Journal du Palais*, t. II, 1846, pag. 607).

149. *Concessions.* M. Dubreuil pense que les concessions faites par les propriétaires riverains ne peuvent par elles-mêmes créer un droit au profit du concessionnaire, mais que lorsque ces concessions n'ont pas été critiquées par les autres riverains et lorsque la jouissance des eaux qui en était la conséquence a eu lieu, sans contestation, pendant le temps nécessaire pour

prescrire, elles constituent de véritables droits au profit de ceux qui les ont obtenus.

Législation des eaux, t. II, n. 121.

150. Nous admettons volontiers cette proposition, mais
dans le cas seulement où les conditions en matière de
prescription de l'usage des eaux auront été accomplies,
c'est-à-dire s'il existe sur le fonds de celui contre lequel
on prétend user du droit résultant de la prescription des
ouvrages qui auront averti celui-ci des droits qu'on
prétend acquérir contre lui.

V. n. 94 et *suivants.*

§ V. — Contestations à l'occasion de l'exercice du droit d'Irrigation.

151. Les tribunaux doivent statuer sur les contestations qui surviennent entre les propriétaires auxquels
les eaux peuvent être utiles.

C. civ., art. 645.

152. Les décisions émanées des tribunaux, en ce qui
concerne l'usage des eaux, n'ont d'effet qu'entre les
parties qui leur ont soumis leurs différents.

153. Les tribunaux sont chargés de l'interprétation
des actes administratifs, en ce qui concerne la jouissance des eaux; en conséquence, dans les contestations
élevées entre particuliers sur la jouissance des eaux
courantes, les tribunaux ordinaires ont le droit d'apprécier le sens des règlements administratifs qui ont
déterminé le mode de jouissance de ces eaux.

Cass., 25 novembre 1845, de Rohan Rochefort, C. de Dauvet; et
20 mars 1848, mêmes parties (*Journal du Palais*, t. I, 1848,
pag. 556).

154. S'il n'existe ni règlement ni titres particuliers,

4.

les usages locaux doivent être consultés pour la solution des difficultés soumises aux tribunaux.

155. Jugé que lorsqu'un jugement entre plusieurs riverains, passé en force de chose jugée, a ordonné la confection de certains ouvrages sur un cours d'eau, si l'une des parties se plaint de l'inexécution du jugement, cette demande est de la compétence de l'autorité judiciaire.

Conseil d'État, 21 mai 1823, Vannois, C. Delon.

156. Conformément à ce principe il a été jugé que lorsqu'il s'agit de l'interprétation d'un titre privé par lequel les parties se sont respectivement interdit le droit de changer la direction d'une rigole destinée à l'irrigation de leurs prairies, c'est aux tribunaux ordinaires qu'il appartient de prononcer.

Conseil d'État, 19 décembre 1821, de Combredet, C. Roufflet.

Dans tous les cas, les tribunaux doivent conformer leurs décisions aux règlements particuliers et locaux sur le cours et l'usage des eaux. Code civil, art. 645.

V. n. 159 et *suivants*.

157. Les juges qui ont à déterminer entre les parties contestantes la jouissance des eaux, peuvent décider que les deux riverains jouiront alternativement des eaux et que le partage en sera fait au moyen d'un régulateur et d'une vanne construits à frais communs.

Besançon, 27 nov. 1844, Thibodet, C. Chappuis (*Journal du Palais*, t. II, 1845, pag. 402).

158. Ils doivent en prononçant, concilier l'intérêt de l'agriculture avec le respect dû à la propriété. Code civil, art. 645.

CHAPITRE III.

Règlements relatifs aux Irrigations.

159. *Le droit* d'irrigation, alors qu'il s'agit d'un cours d'eau non navigable ni flottable, n'est point soumis à une permission de l'autorité administrative.

> Daviel, *des Cours d'eau*, t. II, n. 580; Dufour, *Droit administratif*, n. 1206. *V.* n. 59.

160. L'autorité administrative ne saurait non plus ordonner la suppression de l'exercice de ce droit.

> Paris, 30 Avril 1844; Besnard, C. Georgeon (*Journal du Palais*, t. II, 1846, pag. 234).

161. Ce droit, en effet, est formellement attribué aux propriétaires riverains par l'art. 644 du Code civil.

> *V.* n. 54 et *suivants*.

162. L'autorité administrative ne peut, par les mêmes motifs, priver les riverains des eaux qui servent à l'irrigation de leurs héritages, en détournant le cours des ruisseaux.

163. Cependant, si l'intérêt public exige que le ruisseau soit détourné de son cours naturel, il pourra en être ainsi, mais à la condition que l'expropriation ait lieu pour cause d'utilité publique, dans les formes indiquées par la loi et moyennant une juste et préalable indemnité au profit des propriétaires expropriés de la jouissance des eaux.

164. En cas de contestation sur le chiffre de l'indemnité, c'est l'autorité judiciaire qui doit en connaître.

> Conseil d'État, 7 août 1843; Blanc.

165. Il n'en est pas de même de *l'usage* de ce droit qui a été soumis par des motifs d'intérêt général à certaines restrictions.

166. Jugé que le règlement qui prohibe toutes saignées ou ouvertures de berges *sans autorisation préalable* est régulier, ce règlement ne méconnaissant pas les droits des riverains à la jouissance de l'eau qui borde leur propriété, mais se bornant à en soumettre l'exercice à une surveillance nécessaire à l'intérêt général.

Cass., 9 mai 1843; Ansiaume, C. Teston (*Journal du Palais*, t. II, 1843, pag. 566).

167. Tous les auteurs qui ont écrit sur la matière se sont accordés à reconnaître le principe que nous venons d'indiquer, à savoir, que si le riverain d'un cours d'eau non navigable ni flottable a le droit d'en user pour l'irrigation de ses terres, sans aucune permission, il doit cependant se conformer dans l'exercice de son droit aux usages établis et aux règlements légalement intervenus.

Dubreuil, *Législation des eaux*, t. II, pag. 34 et suiv.; Dumay sur Proudhon, *Domaine public*, t. III, n. 1187.

168. Une instruction de l'Assemblée nationale des 12-20 août 1790, dans son chapitre 6, a chargé spécialement l'autorité administrative de « rechercher et indiquer les moyens d'assurer le libre cours des eaux et de la diriger vers un but d'intérêt général, d'après les principes de l'irrigation. »

169. L'art. 645 du Code civil a donné le droit aux tribunaux de statuer sur les contestations qui peuvent s'élever entre particuliers au sujet de l'usage des eaux, et a disposé que dans tous les cas les règlements particuliers et locaux sur le cours ou l'usage de ses eaux devaient être observés.

170. L'autorité administrative puise donc dans l'instruction des 12-20 août 1790 et dans l'art. 645 du Code civil le droit de réglementer l'usage des cours d'eau.

171. L'autorité administrative est représentée dans cette circonstance par les préfets, qui rendent les règlements d'irrigation après avoir pris l'avis du conseil d'État.

172. Ceux qui croiraient avoir à se plaindre des règlements relatifs aux irrigations, peuvent en demander la réformation au ministre des travaux publics.

Proudhon, *Domaine public*, t. IV, n. 1456.

173. Le ministre peut même, sans l'intervention du préfet et après avoir consulté le conseil d'État, rendre de pareils règlements.

174. Les règlements d'irrigation sont de la compétence des préfets et du ministre des travaux publics, lorsqu'ils ont seulement pour objet de déterminer le mode d'irrigation.

Mais si ces règlements devaient entraîner des frais de construction ou d'autres dépenses à répartir entre tous les intéressés au moyen d'un rôle exécutoire, ils devraient être rendus dans la forme des règlements d'administration publique, c'est-à-dire par décret du pouvoir exécutif délibéré en conseil d'État.

175. Les conseils de préfecture sont dans tous les cas incompétents pour déclarer qu'il y a lieu de supprimer les anciens règlements, leur en substituer de nouveaux et pour créer des dispositions nouvelles relatives aux irrigations.

Conseil d'État, 2 novembre 1832, Arrosants de S. Chamas, C. Gabriac.

176. La limite qui sépare les attributions de l'administration de la compétence des tribunaux, en ce qui concerne la jouissance des eaux, a été fixée par l'art. 645 du Code civil.

177. *Tribunaux*. Les tribunaux ne doivent se prononcer sur la jouissance des eaux qu'autant qu'il existe *une contestation* entre les propriétaires auxquels ces eaux peuvent être utiles.

Code civil, art. 645. V. n. 151 et suivants.

178. *Administration*. Les actes de l'administration devant être déterminés, non par des intérêts individuels, mais par l'intérêt général, il n'est pas nécessaire qu'une contestation existe pour qu'elle intervienne et prescrive les mesures que l'utilité publique réclame.

En conséquence, elle peut agir spontanément.

179. Aucune entrave n'est apportée à l'exercice de ses droits, elle peut en conséquence réformer les anciens règlements, abroger les usages locaux.

180. Elle peut anéantir les conventions particulières et les décisions judiciaires qui n'ont de valeur qu'en l'absence des règlements administratifs et qui doivent disparaître alors que l'administration en demande le sacrifice au nom de l'intérêt général.

Cass., 9 mai 1843; Ausiaume, C. Teston (Journal du Palais, t. II, 1843, pag. 566).

181. Jugé également que les décisions judiciaires ne font pas obstacle à ce que, dans l'intérêt commun des habitants ou des propriétaires riverains, il soit fait un règlement d'administration publique sur un meilleur mode d'écoulement des eaux.

Conseil d'État, 19 décembre 1821, de Combredet, C. Roufflet; 21 mai 1823, Vannois, C. Delon; 19 mai 1835, Cacheux, C. Baril;

Proudhon, *Domaine public,* t. IV, n. 1521; Cormenin, *Droit administratif. V. Cours d'eau,* t. I, pag. 547, 555, 556 et 558; Cotelle, *Cours de droit administratif,* t. III, pag. 619.

182. A plus forte raison, l'administration peut-elle ordonner la suppression d'un barrage destiné à élever les eaux consacrées à l'irrigation, alors que ce barrage a pour résultat de troubler l'économie générale du cours d'eau et d'occasionner des stagnations d'eau nuisible ou des inondations.

Proudhon, *Domaine public,* t. IV, n. 1261; Daviel, *Des cours d'eau,* t. II, n. 593.

183. L'autorité administrative doit faire la répartition de la jouissance des eaux entre tous les intéressés.

184. On a soulevé la question de savoir si, dans cette répartition de l'usage des eaux, on devait accorder la préférence aux moulins et aux usines, plutôt qu'aux irrigations.

185. Les uns, prétendant que l'eau appartenait aux moulins et aux usines, soutenaient que là où le droit d'irrigation n'est pas autorisé par les usages locaux, les propriétaires d'usines peuvent s'opposer à toute prise d'eau pour l'irrigation.

Houard, *Dictionnaire de droit normand. V. prise d'eau.*

186. On ajoutait, à l'appui de ce système, que les eaux courantes constituent la force motrice des usines, qu'elles en sont une partie tellement vitale, que, sans leur concours, elles ne peuvent exister; que les eaux doivent donc être entièrement aux usines et qu'en conséquence les propriétaires riverains doivent être exclus de la faculté d'opérer des prises d'eau toutes les fois que ces prises d'eau peuvent nuire aux établissements industriels.

Proudhon, *Domaine public,* t. III, n. 1072.

187. Dans le système contraire, on disait que l'eau courante, n'étant dans le domaine exclusif de personne, son usage devait appartenir au premier occupant, soit d'après la loi naturelle, soit d'après la loi positive ; que c'était conformément à ce principe que tout individu qui va puiser de l'eau dans une rivière s'en attribue légalement l'usage à l'exclusion de tous autres ; qu'en conséquence, le riverain pouvait, en qualité de premier occupant, s'en servir pour la diriger sur son héritage comme principe vivifiant de la végétation.

Proudhon, *Domaine public*, t. III, n. 1072.

188. Les partisans de cette doctrine invoquaient d'ailleurs en leur faveur l'instruction de l'Assemblée constituante du 6 août 1790, qui ne parle que de l'*irrigation*, l'art. 645 du Code civil qui ne dispose qu'en vue des *intérêts de l'agriculture*, et ils concluaient de cette double disposition, que les irrigations et les intérêts de l'agriculture avaient exclusivement préoccupé le législateur dans l'attribution de la jouissance des eaux, et qu'il avait à dessein gardé le silence en ce qui concerne les moulins et les usines.

189. Nous pensons, avec M. Daviel, que ni l'un ni l'autre de ces deux systèmes absolus ne sauraient être admis ; que les intérêts soit de l'industrie, soit de l'agriculture ne doivent pas être sacrifiés, et que c'est se conformer à l'équité et aux prescriptions de la loi que de placer ce double intérêt sur la même ligne et de lui donner une égale satisfaction.

190. L'art. 644 du Code civil accorde, en effet, la jouissance des eaux à tous les riverains sans distinction et sans exception. Il suffit donc d'être riverain pour avoir droit à cette jouissance.

191. Le propriétaire dont une eau courante traverse les héritages, dit à ce sujet M. Daviel, peut en user suivant son génie et ses convenances : agriculteurs, industriels sont également sous la protection du droit commun; appelés à profiter de cette richesse naturelle, leur titre est le droit de propriété sur l'héritage dont le cours d'eau est l'accessoire; leur industrie diffère, mais leur droit est le même; leurs besoins diffèrent comme leur industrie, mais il est toujours possible de concilier leurs intérêts sans sacrifier les uns aux autres.

Daviel, *des Cours d'eau*, t. II, n. 585.

192. Dans la répartition des eaux entre les riverains pour l'arrosement de leurs fonds respectifs, on doit prendre en considération l'étendue du terrain, la nature du sol et le besoin qu'il peut avoir d'arrosement.

L. 17, § de *servit. praed. rust.*; Daviel, *des Cours d'eau*, t. II, n. 586.

193. Les règlements administratifs peuvent fixer l'importance de la prise d'eau, les jours et heures où l'irrigation devra avoir lieu.

194. Aux jours et heures indiqués pour l'irrigation, les ayants droit à l'usage des eaux doivent arroser leurs prairies, de manière qu'à l'expiration du temps fixé l'eau soit partout rendue à la rivière, et que les propriétaires d'usines, sachant sur quoi compter, puissent organiser régulièrement leurs travaux.

Daviel, *des Cours d'eau*, t. II, n. 585.

195. Pendant les jours réservés aux propriétaires de prairies, si le cours d'eau est assez abondant, tous les riverains peuvent ouvrir leurs prises d'eau durant tout le temps fixé pour l'irrigation.

Daviel, *des Cours d'eau*, t. II, n. 585.

196. Si, au contraire, le volume d'eau est insuffisant pour tous concourremment, il est nécessaire que le règlement indique l'heure et le temps pendant lesquels chacun à son tour pourra prendre le volume d'eau tout entier.

Tel est, en effet, l'usage partout où l'insuffisance de l'eau se fait sentir.

Daviel, *des Cours d'eau,* t. II, n. 585.

197. Toute entreprise des riverains ayant pour but de les soustraire à l'exécution des règlements par lesquels il leur serait interdit de prendre les eaux à des jours et heures autres que les jours et heures déterminés, doit être réprimée.

198. Ainsi il y aurait violation des règlements s'il était creusé, parallèlement au cours d'eau, des fossés dans lesquels l'eau s'introduirait par infiltration, ou encore lorsqu'on détournerait une portion du volume de la rivière dans des réservoirs, de manière à l'utiliser pendant les jours prohibés.

199. On ne saurait considérer, comme une contravention aux règlements qui fixent les jours et les heures des irrigations, le fait de ceux qui, à des jours ou à des heures prohibées, puiseraient de l'eau à l'aide de pompes à la main, de seaux ou d'autres moyens de cette espèce.

Daviel, *des Cours d'eau,* t. II, n. 601.

200. Cependant, si l'eau était puisée avec excès et de manière à en diminuer notablement le volume au préjudice des usines et des fonds inférieurs, les propriétaires de ces usines et de ces fonds auraient une action répressive, mais cette action ne devrait pas être fondée sur la violation des règlements de l'usage des eaux, puisqu'il n'y aurait pas le genre d'irrigation prévu par ces règlements. La demande devrait donc être motivée, dans ce cas, sur les termes de l'art. 1382 du Code civil, qui dispose que tout fait de l'homme qui porte préjudice à autrui oblige celui, par la faute duquel il est arrivé, à le réparer.

Daviel, *des Cours d'eau,* t. II, n. 601.

201. Nous pensons, comme M. Daviel, que lorsque les règlements ne se sont pas expliqués sur la nature et l'étendue de l'interdiction des irrigations à certains jours et à certaines heures, ces règlements ne sont applicables qu'aux irrigations à l'aide d'écluses et de rigoles.

202. Cependant il pourrait en être autrement; le puisage à l'aide de pompes notamment peut avoir été prévu et défendu. Dans ce cas, le règlement qui contiendrait la prohibition serait régulier et obligatoire.

203. Dans plusieurs contrées où les irrigations ont pris un grand développement, il existe entre les différents riverains des cours d'eau des associations qui ont été formées sous la surveillance et le patronage de l'autorité.

204. Ces associations règlent le partage des eaux entre les arrosants; leurs statuts, approuvés par l'autorité, deviennent aussi des règlements d'administration publique dont l'exécution est confiée à des syndics.

205. Des associations semblables et en grand nombre existent en Sardaigne et en Lombardie.

206. Un décret du gouvernement lombard du 20 mai 1806 a donné une existence légale à ces associations.

207. Ce décret consacre dix-huit articles à déterminer la formation de ces associations, la nomination et les attributions de leurs délégués.

———o◉o———

CHAPITRE IV.

Canaux d'irrigation.

208. Sous ce titre : *Canaux d'irrigation*, nous nous occuperons principalement de ces vastes réservoirs d'eau qui ont pour objet de permettre l'arrosage sur une grande étendue de terrain et de créer des établissements d'un intérêt général et public.

209. Les canaux d'irrigation peuvent être créés de deux manières différentes.

210. Ils peuvent l'être par l'administration elle-même, agissant dans le but et en vertu du principe de l'utilité publique.

211. Ils peuvent aussi avoir pour objet une spéculation privée, organisée soit par un particulier, soit par une collection d'individus qui font les frais de l'entreprise et qui concèdent ensuite aux propriétaires, moyennant le payement d'une indemnité, l'eau dont ils ont besoin.

212. Ces canaux absorbant une grande quantité d'eau et pouvant dès lors nuire à la navigation ou à d'autres services publics, ils doivent être autorisés soit par une loi, soit par un décret.

213. C'est à tort qu'il a été dit que les préfets ont qualité pour donner de semblables autorisations.

214. Les lois des 7 juillet 1833 et 3 mai 1841 sur l'expropriation pour cause d'utilité publique ne peuvent laisser le moindre doute à cet égard.

215. La loi du 7 juillet 1833 dispose en effet que les canaux d'une étendue de plus de 20,000 mètres, entrepris par l'État ou par des compagnies particulières ne peuvent être exécutés qu'en vertu d'une loi rendue après une enquête administrative.

Lois des 7 juillet 1833 et 3 mai 1841, art. 3.

216. Une ordonnance royale (aujourd'hui un décret) suffit pour autoriser l'exécution des canaux de moins de 20,000 mètres de longueur.

Le décret doit être également précédé d'une enquête.

Ibidem.

217. Ces enquêtes doivent avoir lieu dans les formes déterminées par un règlement d'administration publique portant la date du 1er février 1834.

Ibidem.

218. *Canaux construits par l'État.* Quand le canal a été construit par l'État ou par des concessionnaires qui procèdent en son nom, les portions de terrain nécessaires à l'établissement de ce canal, peuvent être expropriées dans la forme ordinaire, moyennant une juste et préalable indemnité.

219. Les particuliers qui profitent de l'irrigation sont tenus de payer une contribution annuelle, qui est fixée par l'acte de concession, dans la proportion de l'avantage que chacun retire des eaux.

220. En cas de contestation sur cette fixation, c'est

le conseil de préfecture qui statue en première instance et en cas de recours, le conseil d'État.

221. Les rôles de répartition des sommes qui doivent être payées par chaque arrosant sont dressés sous la surveillance du préfet, rendus exécutoires par lui, et le recouvrement s'en opère de la même manière que celui des contributions publiques.

> L. 24 flor. an xi, art. 3 ; *Conseil d'État*, 23 oct. 1816 , Cavagé ; — 29 oct. 1823, Garriga, C. Arnaud, Cormenin, *Droit administratif, V. Cours d'eau*, t. I, pag. 541, 542 et 552. Chevalier, *Jurisprudence administrative, V. Cours d'eau*, t. I, pag. 333 ; Daviel, *Cours d'eau*, t. III, n. 830.

222. Toutes les contestations relatives au recouvrement de ces rôles de répartition sont portées devant le conseil de préfecture.

> *Conseil d'État*, 31 mars 1819, Villiard, C. Association de V. Andiol ; 13 août 1823, Gabriac ; Cormenin, *Droit administratif. V. Cours d'eau*, t. I, pag. 554.

223. Les canaux d'irrigation exécutés par l'État sont régis par les anciens règlements ou d'après les usages locaux.

> Loi 14 flor. an xi, art. 1.

224. Lorsque l'application des règlements ou l'exécution du mode consacré par l'usage éprouve des difficultés ou lorsque des changements survenus exigent des dispositions nouvelles, il y est pourvu par le gouvernement, par un règlement d'administration publique, rendu sur la proposition du préfet du département.

> Loi 14 floréal, an xi, art. 2.

225. L'administration des canaux d'irrigation construits par l'État lui appartenant exclusivement, c'est l'autorité administrative qui doit ordonner les mesures de police relatives à ces canaux.

> *V. cass.* 4 fév. 1807 , Lenos et Leday.

226. *Canaux appartenant à des particuliers concession-naires.* Le droit d'établir un canal d'irrigation est concédé à des particuliers, soit par une loi, soit par un décret du pouvoir exécutif, selon que le canal doit avoir plus ou moins de 20,000 mètres d'étendue.

Loi 7 juillet 1833, art 3.

227. Les concessionnaires des canaux d'irrigation, agissant en leur nom personnel et dans un intérêt privé, ne peuvent procéder à l'expropriation pour cause d'utilité publique. Ils sont donc obligés de traiter de gré à gré avec les propriétaires pour l'acquisition des terrains nécessaires à l'établissement du canal.

Proudhon, *Domaine public*, t. IV, n. 1533 et 1534; *Encyclopédie du droit*, V. Canal, n. 72 et 78.

228. Le canal, dans ce cas, est la propriété de ceux qui l'ont construit.

Loi 23 pluv. an XII, art. 3, Proudhon, *Domaine public*, t. IV, n. 1538.

229. Les propriétaires des canaux d'irrigation ont le droit de se pourvoir en justice pour obtenir la destruction des plantations et des constructions nuisibles à l'écoulement des eaux.

Arrêté du Directoire, 19 ventôse, an VI, art. 11.

230. Le droit de pêche dans les canaux d'irrigation appartient exclusivement aux propriétaires de ces canaux.

Proudhon, *Domaine public*, t. IV, n. 1538.

231. Les propriétaires des canaux d'irrigation doivent exécuter les conditions de leur concession, à peine de voir prononcer contre eux la déchéance :

Cette déchéance est ordonnée par le gouvernement.

Cormenin, *Droit administratif, Cours d'eau*, t. I, pag. 536; Solon, *Répertoire des juridictions*, V. Canaux, t. II, n. 20; Dubreuil, *Législation sur les eaux*, t. II, pag. 70.

232. Au gouvernement seul appartient de décider si les arrosants ont encouru la déchéance de leurs droits par l'inexécution des conditions qui leur étaient imposées.

Conseil d'État, 15 août 1821, Arrosans de la Craie d'Arles, C. Arrosants de Salon.

233. C'est à tort qu'il a été soutenu que dans tous les cas un décret du pouvoir exécutif suffisait.

Cette opinion est manifestement contraire aux termes de l'art. 3 de la loi du 7 juillet 1833, qui dispose formellement que les canaux d'une étendue de plus de 20,000 mètres, entrepris soit par l'État, soit *par des compagnies* particulières, ne peuvent être exécutés qu'en vertu d'une Loi.

234. Chaque fonds appelé à profiter de l'irrigation a, moyennant la rétribution fixée, droit à la prise d'eau, c'est là un droit de servitude active qui lui est dû sur le canal d'irrigation.

Proudhon, *Domaine public*, t. IV, n. 1541.

235. Ce droit de servitude n'existe évidemment, qu'autant que le canal sur lequel on prétend l'exercer est un canal d'irrigation, s'il a une autre destination la prise d'eau ne peut pas être imposée.

236. Les canaux d'irrigation sont soumis à la contribution foncière à raison du terrain qu'ils occupent et sur le pied des terres qui les bordent.

Loi 3 frimaire, an VII, art. 9. *Conseil d'État*, 5 mai 1831, Moiroux.

237. Jugé que lorsque la jouissance d'un canal d'irrigation a été cédée aux riverains moyennant indemnité et que, par un règlement approuvé par l'administration qui a fixé le temps et le mode de distribution des eaux entre les divers intéressés, il a été nommé un syndic auquel ceux-ci ont attribué la police des eaux et les actions en répression des contraventions au règlement, le droit de poursuivre ces contraventions appartient au syndic seul à l'exclusion des propriétaires du canal.

Cass. 27 août 1828, Charleval, C. Pontié.

238. Les contestations qui s'élèvent entre les propriétaires du canal et ceux qui ont contracté des obligations à raison des irrigations, sont de la compétence des tribunaux ordinaires.

239. Lors donc qu'il s'agit d'une contestation entre une association d'arrosants et un propriétaire qui prétend ne pas faire partie de l'association, si la solution dépend de l'examen des contrats de société, des faits d'exécution ou d'actes d'acquiescement qui n'intéressent pas l'ordre public, les tribunaux ordinaires sont seuls compétents.

Conseil d'État, 6 février 1822, Loubier, C. Pascalis.

240. *Canaux d'irrigation particuliers.* Ces canaux sont ceux que les propriétaires établissent sur leur propre terrain pour l'irrigation de leurs propriétés.

241. Un canal destiné depuis longtemps à l'irrigation d'une propriété et toujours entretenu par le maître du fonds, doit être présumé jusqu'à preuve contraire avoir été creusé par ses auteurs.

Pau, 11 juin 1838, Pebay, C. Lay (*Journal du Palais*, t. I, 1840, pag. 602).

242. Aucune autorisation spéciale n'est nécessaire pour l'établissement de ces canaux.

243. Ils sont la propriété de ceux qui les ont établis. En conséquence, celui dont le terrain joint un canal créé par le propriétaire voisin, ne peut y pratiquer des prises d'eau.

Cass., 5 juin 1832, Curé, C. Laugère; Nancy, 18 décembre 1835, Germigney, C. Muel.

244. Jugé de même que la disposition de l'art. 644 du Code civil qui autorise celui dont l'héritage borde une eau courante à s'en servir pour l'irrigation de ses propriétés, n'est pas applicable au cas où l'eau courante passe dans un canal ou bief servant à l'usage d'un moulin.

Cass., 28 nov. 1815, Bernard, C. Chauliac.

245. De même le propriétaire dont l'héritage borde un canal appartenant à son voisin, ne peut faire des constructions sur ce canal pour prendre une partie des eaux qui y coulent, lors même qu'il n'en résulterait aucun préjudice pour les usines que ce canal est destiné à alimenter.

Cass., 9 décembre 1818, Bodin, C. Regnault.

246. Ces principes, qui sont, suivant nous, les conséquences nécessaires du droit de propriété, après avoir été sanctionnés par la Cour de cassation dans les trois arrêts que nous venons d'indiquer, ont été gravement méconnus par cette Cour elle-même dans une décision de 1827.

247. La question de savoir si celui dont l'héritage borde un canal établi par le propriétaire voisin peut user des eaux de ce canal, s'est de nouveau présentée à l'occasion d'une contestation soulevée par un sieur Criteau, qui réclamait l'exercice du droit de lavage, de puisage et d'abreuvage dans le bief d'un moulin, lequel bief était la propriété d'un sieur Chottard.

248. Le tribunal de Jonzac, puis la Cour de Poitiers,

saisis de la contestation, accueillirent la prétention de Criteau, par le motif que, quant aux lavage, puisage et abreuvage réclamés, ces droits rentraient dans la faculté naturelle que tout propriétaire riverain d'une eau courante a de s'en servir à son passage, pourvu que l'exercice ne nuise en rien aux droits des tiers.

249. La Cour de cassation, tout en reconnaissant en fait que le canal dont s'agissait était *la propriété* de Chottard, a cependant décidé que le droit de propriété de celui-ci n'allait pas jusqu'à interdire à son voisin la faculté de satisfaire aux besoins naturels de l'homme, lorsque, comme dans l'espèce, l'exercice des lavage, puisage et abreuvage par le propriétaire voisin ne portait aucun préjudice à l'usine.

Cass, 13 juin 1827, Chottard, C. Criteau.

250. Cet arrêt, sans reconnaître explicitement au profit de Criteau le droit qu'il réclamait, a eu pour conséquence nécessaire de lui conférer ce droit.

251. Cependant aucun droit ne saurait, sous peine de violation du principe le plus sacré et le plus indispensable à l'intérêt social, exister sur une propriété privée qu'à la condition d'avoir été consenti par le propriétaire du fonds sur lequel on prétend l'exercer, ou établi par la loi; or, il était constant, dans l'espèce, que Chottard n'avait nullement accordé à son voisin les droits de lavage, de puisage et d'abreuvage réclamés par celui-ci. Il n'était pas moins constant, ainsi que l'atteste la jurisprudence antérieure à l'arrêt de 1827, non démentie par cet arrêt, que la servitude légale de l'art. 644 du Code civil qui autorise celui dont l'héritage borde une eau courante à s'en servir, n'existe pas alors qu'il s'agit, comme dans l'espèce, des eaux d'un canal constituant une propriété privée.

252. Aucun droit n'existant en conséquence au profit du réclamant, pouvait-on lui accorder ce qu'il demandait uniquement par le motif que l'exercice des avantages qu'il sollicitait ne devait entraîner aucun préjudice pour le propriétaire du canal? Évidemment non ; lorsqu'à la réclamation d'un droit d'usage on oppose le droit de propriété ; la question de savoir si cet usage doit ou non avoir des résultats désavantageux pour celui contre lequel on le réclame, ne doit avoir aucune influence sur la solution de la question, ainsi que l'a jugé péremptoirement l'arrêt de cassation du 9 décembre 1818 ; autrement il faudrait reconnaître qu'il est loisible à un tiers de s'emparer d'une récolte délaissée par le propriétaire et que le droit d'abuser qui est un des éléments essentiels de la propriété n'existe plus désormais.

253. Il a été jugé, avec raison, que l'arrêt qui décide que les riverains n'avaient pas le droit d'opérer une prise d'eau sur un canal artificiel n'emportait pas l'autorité de la chose jugée sur la question de savoir si la propriété de ce canal avait droit à la totalité des eaux du ruisseau qui l'alimente.

Cass., 22 avril 1840, Germigney, C. Muel (*Journal du Palais*, t. II, 1840, pag. 100).

————◦◉◦————

CHAPITRE V.

Servitude de conduite d'eau.

§ I. Historique de la servitude de conduite d'eau.

254. La servitude de conduite d'eau est loin d'être sans précédent dans notre ancien droit.

255. Un édit de Henry II, du 26 mai 1547, avait décrété l'établissement de cette servitude pour la Provence.

256. Le parlement d'Aix a eu plusieurs fois occasion de faire application de cet édit et notamment dans un arrêt du 30 mai 1778.

Janety, *Journal* de 1778, pag. 358.

257. Un arrêt du parlement de Paris du 7 septembre 1696, porte qu'un propriétaire a droit de conduire l'eau nécessaire pour arroser son pré et de la faire passer sur l'héritage de ses voisins sans avoir besoin de titre.

258. Cet arrêt décide que le droit de conduire l'eau sur le terrain a pour conséquence de créer une servitude naturelle pour l'établissement de laquelle les titres ne sont pas nécessaires, parce que sans le secours de l'irrigation les prés seraient stériles.

259. Les jurisconsultes anciens reconnaissaient généralement à ceux qui établissaient des canaux d'irrigation le droit de faire passer ces canaux sur le terrain d'autrui.

260. Lors de la rédaction du Code civil les cours

d'Aix et de Montpellier avaient proposé d'ajouter à l'art. 682, relatif au passage, en cas d'enclave, le paragraphe suivant : « Le propriétaire dont les fonds sont enclavés peut également, et aux mêmes conditions, réclamer un passage pour la conduite des eaux nécessaires à l'irrigation de son fonds ».

§ II. Conditions de l'exercice de la servitude de conduite d'eau.

261. L'art. 1ᵉʳ de la loi du 29 avril 1845 dispose que *tout propriétaire* qui veut se servir *pour l'irrigation* de ses propriétés *des eaux naturelles ou artificielles, dont il a le droit de disposer*, peut obtenir le passage de ses eaux *sur les fonds intermédiaires, à la charge d'une juste et préalable indemnité.*

262. Par ces mots *tout propriétaire*, on doit entendre non-seulement ceux qui ont la pleine propriété des terrains à irriguer, mais encore ceux qui ont une fraction de la propriété de ces terrains tels que les co-propriétaires, les usufruitiers et ceux qui possèdent en vertu d'un bail emphytéotique.

263. Le fermier dont le droit d'usage est complétement étranger à la propriété ne saurait évidemment réclamer l'application de l'art. 1ᵉʳ de la loi du 29 avril 1845.

264. *Irrigation.* Le droit de réclamer la servitude de conduite d'eau n'existe qu'alors qu'il est établi que les eaux doivent servir *à l'irrigation.*

Les termes de l'art. 1ᵉʳ de la loi du 29 avril 1845 ne peuvent laisser aucun doute à cet égard.

265. Ainsi on ne pourrait réclamer l'exercice de la servitude de conduite d'eau dans l'intérêt d'une usine ou d'une habitation, à plus forte raison pour un usage d'agrément ou d'ornement.

266. Le rapporteur de la loi devant la Chambre des Députés s'est au surplus nettement exprimé à cet égard.

« Dans la pensée, disait-il, qui a inspiré la disposition, la propriété ne doit céder *qu'à un intérêt d'irrigation* sérieux et parfaitement justifié. Il ne suffira donc pas d'alléguer une irrigation imaginaire ou d'invoquer un simulacre d'irrigation pour obtenir du juge le droit de diriger sur la propriété voisine des eaux réellement destinées à l'exploitation d'une usine, à la commodité d'une maison de campagne, ou à l'embellissement d'un parc. Il ne suffira pas davantage à un propriétaire d'avoir un volume d'eau quelconque à sa disposition, si le niveau des terres ne permet pas l'irrigation, ou si le volume d'eau est évidemment insuffisant pour l'arrosement d'une simple parcelle ; car encore une fois, la propriété privée ne peut être asservie que dans un intérêt général qui ne peut exister que là où l'opération est réelle et utile. Tel est le sens dans lequel la disposition a été conçue, et les tribunaux sont armés d'un pouvoir discrétionnaire propre à faire respecter la pensée de la loi. »

Chambre des Députés, Séance du 29 juin 1843. *Moniteur* du 3 juillet.

267. La loi n'ayant pas restreint à un mode spécial d'irrigation l'application de l'art. 1er, il en résulte que l'exercice de la servitude peut être demandé toutes les fois qu'il y a lieu à une irrigation quelconque.

268. Ainsi cet article peut être utilement invoqué lorsqu'il s'agit de favoriser par l'irrigation toute espèce de culture ; telle par exemple que celle des céréales, des oseraies, des plantations d'arbres et des jardins maraîchers.

269. M. Dumay a soutenu que dans les localités où il est d'usage de convertir en étang, pendant une ou plusieurs années, les terrains cultivés pour leur faire produire d'abondantes récoltes, on pouvait dans ce but réclamer la servitude de conduite d'eau.

Dumay sur Proudhon, *Domaine public*, t. IV, n. 1452, pag. 366.

270. Nous pensons que M. Dumay est dans l'erreur, la loi de 1845 est applicable seulement alors qu'il s'agit *d'irrigation*. Or, transporter des eaux sur un terrain pour le convertir en étang, laisser ces eaux séjourner pendant plusieurs années pour qu'elles y déposent un limon qui doit servir d'engrais, cela peut constituer un moyen de culture avantageux, mais il est évident que ce n'est pas de l'irrigation.

271. *Eaux dont le propriétaire a le droit de disposer.* — Les eaux pour lesquelles le passage peut être demandé sont toutes celles dont le propriétaire qui veut irriguer *a le droit de disposer* à un titre quelconque.

272. En conséquence le passage peut être réclamé pour les eaux dont un individu est propriétaire soit qu'il s'agisse des eaux d'une source qui jaillit de son fonds, soit que des eaux pluviales ou autres aient été recueillies par lui.

273. L'expression eaux *naturelles* et *artificielles* employées par l'art. 1er indique suffisamment que la loi n'a entendu faire aucune distinction entre les eaux qui coulent naturellement et celles qui sont amassées au moyen de travaux d'art.

274. Le passage des eaux peut être demandé alors qu'il n'existe qu'un droit d'usage sur ces eaux et qu'on

ne les obtient qu'à titre de concession soit de l'autorité, soit des particuliers.

275. Le propriétaire dont le terrain borde un cours d'eau et qui a le droit de se servir de cette eau à son passage à la charge, après s'en être servi pour l'irrigation de son fonds, de la rendre à son cours naturel, a-t-il le droit de réclamer la servitude de conduite d'eau sur les fonds qui séparent son terrain riverain du cours d'eau, d'autres terrains qui lui appartiennent?

276. Cette question a donné lieu, lors de la discussion de la loi, à de longs débats tant dans la Chambre des Députés que dans celle des Pairs.

277. M. Bethmont s'exprimait à ce sujet de la manière suivante : « Les cours d'eau traversant les propriétés deviennent un accessoire passager de la propriété qu'on peut utiliser au moment du passage à la condition de rendre les eaux. Vous créez un droit nouveau, car vous dites : « Les eaux dont on a le droit de disposer ; » ici je m'effraie de la multitude de procès que cela va faire naître. Comment! l'eau passait sur moi, et après avoir passé sur moi elle passait sur mon voisin ; pendant qu'elle passait sur moi, aux termes du Code civil, j'avais le droit d'en disposer ; par conséquent, le projet de loi m'est applicable. Mais est-ce que j'avais le droit d'en disposer autrement que pour le champ que je possède, d'en disposer pour l'aller transporter dans un champ qui est beaucoup plus loin et que j'achèterai en vue de celui-là ?

« Si j'en dispose ainsi, celui qui vient après moi n'en pourra plus disposer, si vous admettez qu'en même temps qu'on l'emploie, on la consomme sinon pour le tout, au moins pour partie, en telle sorte qu'il est manifeste que cet usage que vous allez développer, que ce droit de disposer des eaux dans des conditions nouvelles va être une source de procès. »

Chambre des Députés, Séance du 11 février, Moniteur du 12.

278. M. Fillon ajoutait dans le même sens lors de la discussion de cette question :

« Un propriétaire qui tient de l'art. 644 du Code civil le droit de prendre dans le courant une quantité d'eau déterminée pour arroser son héritage riverain qui est de médiocre étendue veut aussi arroser un autre héritage beaucoup plus considérable qui lui appartient à trois cents mètres plus avant dans les terres et qui est séparé du premier par plusieurs propriétés intermédiaires, il fait condamner les maîtres de celles-ci à recevoir les ouvrages de la conduite d'eau.

« Mais quelle quantité d'eau pourra-t-il prendre ? Evidemment celle seulement à laquelle il avait droit pour son petit terrain riverain ; car on a répété jusqu'à satiété que la loi ne créait pas de droits nouveaux, n'attribuait pas de facultés nouvelles ; c'est-à-dire que pour arroser son héritage plus éloigné le propriétaire sera contraint de négliger l'irrigation de sa terre riveraine du cours d'eau. »

Chambre des Députés, Séance du 13 février 1845, Moniteur du 14.

279. M. Dalloz, rapporteur de la commission, interpellé de s'expliquer sur la nature et l'étendue des droits conférés par la loi nouvelle, a dit : « Je m'efforcerai d'être clair. — Dans le cas que le préopinant a posé ; c'est-à-dire dans l'hypothèse d'un propriétaire riverain qui veut faire passer les eaux sur une parcelle intermédiaire afin d'irriguer une autre propriété inférieure qui lui appartient, le propriétaire ne pourra obtenir de l'administration au détriment du propriétaire inférieur le droit de dériver une quantité d'eau plus considérable que celle qui lui sera afférente à raison de sa propriété qui borde la rivière. »

Chambre des Députés, Séance du 13 février 1845, Moniteur du 14.

280. Devant la Chambre des Pairs les orateurs qui ont soutenu le projet de loi ont déclaré que l'état de chose déterminé par le Code civil n'était pas modifié par la loi nouvelle.

V. Discours de MM. Barthelemy et Passy ; Séance du 19 avril 1845, Moniteur du 20.

281. Au surplus les art. 1 et 4 de la loi du 29 avril. 1845 ne peuvent laisser aucun doute sur la volonté de maintenir dans leur intégralité les principes du Code civil en matière d'irrigation.

282. L'art. 1er porte en effet que les eaux dont on indique l'emploi sont celles dont le propriétaire a le droit de disposer.

L'art. 4 est encore plus formel, car on y lit : « qu'il n'est aucunement dérogé par les précédentes dispositions aux lois qui règlent la police des eaux. »

283. Nul doute donc, en présence de la loi du 29 avril 1845 et des discussions qui l'ont précédée, que les propriétaires d'un terrain riverain du cours d'eau ne puissent disposer, pour leurs terres non-riveraines, d'une plus grande quantité d'eau que celle afférente à leur terrain riverain.

284. C'est là singulièrement limiter, ainsi qu'on l'a fait observer dans la Chambre des Députés et dans celle des Pairs, les avantages qui devaient résulter de la loi nouvelle.

285. Nous pensons, quant à nous, que l'on a beau-

coup exagéré les inconvénients qui résulteraient du droit accordé aux riverains d'arroser leurs propriétés contiguës où non au cours d'eau.

286. On a soutenu, sans être démenti, que si ce droit était consacré il en résulterait que les eaux seraient absorbées par les propriétaires supérieurs au préjudice des propriétaires inférieurs.

287. C'est là, suivant nous, une erreur; les propriétaires riverains n'ont pas un droit complet et absolu sur les eaux du ruisseau *même pour l'irrigation du fonds contigu au cours d'eau*, ce droit doit se combiner et se limiter par les droits des autres riverains, et si le cours d'eau est insuffisant pour l'usage qu'en veulent faire les ayants-droit, il est procédé, soit par les tribunaux, soit par l'autorité administrative, à un règlement de l'usage des eaux. Ce réglement fixe, non pas à raison des besoins, mais des droits de chacun la portion d'eau dont il pourra disposer.

Tels sont les principes constamment consacrés par la jurisprudence.

V. n. 60 et 75.

288. Le grave inconvénient résultant, disait-on, de l'absorption des eaux par quelques-uns, si les droits à l'irrigation étaient étendus, ne devait donc pas exister en présence des pouvoirs reconnus à l'autorité judiciaire et à l'administration de déterminer, *dans tous les cas*, la jouissance des eaux.

289. Il est donc à regretter que la loi du 29 avril 1845 ait été renfermée dans des limites si étroites qu'il est difficile de supposer que les irrigations, qui devraient être largement protégées, en reçoivent de notables améliorations.

290. Une autre question a été soulevée lors de la discussion de la loi, on a demandé si le propriétaire pouvait utiliser au profit de son fonds non riverain la portion d'eau afférente à son fonds riverain ?

291. M. le président Boullet s'exprimait à ce sujet en ces termes, devant la Chambre des Pairs :

« Quelles sont les eaux que le riverain peut conduire dans une propriété éloignée, à travers la propriété riveraine ? Ce sont celles afférentes seulement à la propriété riveraine ; car, remarquez que les termes de l'article sont bien formels ; cela ressort, d'ailleurs, de la discussion qui a eu lieu dans l'autre enceinte, du rapport qui a été présenté ; ce sont les eaux dont il a actuellement le droit de disposer.

« Ainsi, le propriétaire riverain qui a une propriété éloignée à arroser, ne peut cependant conduire sur cette propriété que les eaux dont il aurait le droit de disposer, relativement à la propriété riveraine ; de sorte qu'un propriétaire qui a deux hectares sur le bord d'une rivière et qui veut arroser cent hectares qui sont à cinq ou six cents mètres, ne peut y conduire que la quantité d'eau afférente à la petite quantité de terre qu'il possède sur le bord de la rivière.

« Voilà comment la question a été comprise dans la discussion qui a eu lieu à l'autre Chambre. »

Chambre des Pairs. Séance du 19 avril 1845, *Moniteur* du 20.

292. M. Passy s'expliquait à ce sujet dans des termes non moins formels, dans son rapport présenté à la Chambre des Pairs, le 26 mars 1845.

293. M. Dalloz, rapporteur de la loi à la Chambre des Députés, avait en effet dit : « Lorsque les eaux, *dans* *le cas de l'art.* 644 *du Code civil,* auront servi à l'irrigation, et qu'on sera obligé de leur faire traverser les héritages inférieurs, il y aura lieu à indemnité. »

Chambre des Députés, Séance du 13 février 1845, *Moniteur* du 14.

294. L'opinion des orateurs qui se sont expliqués sur cette question à la Chambre des Députés, n'a pas été unanime dans le sens indiqué par M. le président Boullet, car M. Jolly, lors de la discussion, a dit : « Dans le cas des eaux de passage, qui ne font que border la propriété, comme vous ne pouvez en disposer qu'à la charge de les rendre au fonds inférieur, comme vous ne pouvez faire au delà de ce que la loi et le droit naturel ont réglé, il est hors de doute que la servitude qu'il s'agit d'établir ne doit pas s'appliquer ici. »

Chambre des Députés, Séance du 12 février 1845, *Moniteur* du 13.

295. M. Henri Pellault déclare qu'il n'hésite pas à penser que l'eau afférente au fonds riverain ne peut être employée que sur ce fonds, et que le propriétaire ne peut prétendre au droit d'aqueduc pour la conduire sur un fonds non riverain.

Commentaire de la loi du 29 avril 1845, n. 43.

296. M. Pellault, à l'appui de son opinion, donne cette seule raison que la loi nouvelle n'accorde pas formellement le droit, au propriétaire riverain, de transporter les eaux sur un fonds autre que le fonds contigu au cours d'eau.

297. Nous allons répondre en quelques mots à l'objection soulevée par M. Pellault, et à celle que M. Jolly a produite devant la Chambre des Députés.

298. Il nous paraît constant que l'art. 1er de la loi du 29 avril 1845 accorde positivement le droit que l'on conteste au propriétaire riverain. Cet article dispose en effet que la servitude de conduite d'eau pourra être réclamée pour les eaux naturelles ou artificielles dont le propriétaire a droit de disposer. La généralité de ces expressions : *eaux naturelles et artificielles*, indique suffisamment que toute espèce d'eau peut donner lieu à l'exercice du droit d'aqueduc. La seule condition imposée par la loi est celle d'avoir la disposition des eaux qu'il s'agit de transporter au moyen de la conduite d'eau. Or, il est constant que le propriétaire riverain a droit de disposer de l'eau nécessaire à l'irrigation de son fonds riverain, et qu'il en dispose en effet en vertu du droit que lui donne l'art. 644 du Code civil. Ces eaux, dont la loi lui garantit ainsi la libre disposition, peuvent évidemment, aux termes de l'art. 1er de la loi du 29 avril 1845, donner droit à l'exercice de la servitude d'aqueduc.

299. Quant à l'objection de M. Jolly, il peut se présenter des cas dans lesquels cette objection n'aurait aucune portée. Il arrive, en effet, dans certaines circonstances, que, nonobstant les termes de l'art. 645 du Code civil, les eaux ne sont pas restituées à leur cours naturel.

300. D'ailleurs, nous ne voyons aucune difficulté à admettre que le propriétaire puisse réclamer le droit d'aqueduc, non-seulement pour conduire les eaux sur un terrain éloigné, mais aussi pour les en faire sortir et les restituer à leur cours naturel.

301. Au surplus, ainsi que l'a déclaré M. le président Boullet, on s'est accordé dans les deux Chambres à reconnaître que le droit de conduite d'eau existait aussi bien pour les propriétaires riverains des cours d'eau

que pour les propriétaires ayant des droits absolus sur les eaux qui jaillissent ou sont recueillies sur leurs fonds.

M. Dalloz, ainsi que nous l'avons fait remarquer, s'est exprimé à ce sujet dans les termes les plus formels.

V. n. 279 et 293.

302. Ainsi, nul doute, en présence de la discussion et des termes de la loi, que le propriétaire riverain a le droit de disposer de la portion d'eau afférente à son fonds riverain, au profit d'autres fonds qui lui appartiennent.

303. Si tel ne devait pas être le sens de la loi, il faudrait reconnaître qu'elle n'a apporté aucune amélioration à l'ancien état de chose, et qu'elle ne présenterait aucune utilité.

304. *Indemnité.* L'indemnité due au propriétaire, sur le fonds duquel la conduite d'eau sera établie, doit être *juste* et *préalable.*

L. 29 avril 1845, art. 1.

305. L'indemnité doit être *juste,* c'est-à-dire qu'elle doit être proportionnée au préjudice éprouvé par le propriétaire soumis à la servitude.

306. Le dommage ne résulte pas seulement de la privation du terrain sur lequel la conduite d'eau doit être établie, mais aussi du préjudice causé par l'établissement de cette conduite d'eau et de la dépréciation qui en est la conséquence pour le fonds grevé.

307. L'indemnité doit être *préalable,* c'est-à-dire qu'elle doit être payée avant le commencement des travaux et la prise de possession provisoire.

Rapport à la Chambre des Députés. Séance du 29 juin 1843, Moniteur du 3 juillet suivant.

308. M. Dumay pense que les tribunaux au lieu d'ordonner le payement immédiat de l'indemnité pourraient régler cette indemnité en rentes ou annuités payables par année et d'avance.

Dumay sur Proudhon, Domaine public, t. IV, n. 1452, pag. 408.

309. Nous ne saurions partager l'opinion de M. Dumay; ce n'est pas une portion de l'indemnité, mais l'indemnité tout entière qui doit être payée au propriétaire grevé de la servitude. Telle est en effet la disposition de l'art. 1er de la loi du 29 avril 1845.

On comprend, d'ailleurs, les motifs de cette disposition; il faut qu'au moment où le fonds est soumis à la servitude le propriétaire reçoive tout ce qui lui est dû et qu'il ne soit pas exposé, après avoir complétement exécuté les obligations qui lui ont été imposées, à subir les lenteurs et les débats qui pourraient être suscités, alors qu'il s'agirait d'accomplir celles qui ont été contractées vis-à-vis de lui.

310. L'indemnité accordée aux termes de l'art. 1er est indépendante de celle qui peut être accidentellement due pour les dégradations que la propriété grevée peut éprouver par suite de l'irruption des eaux qui serait le résultat de la négligence que le propriétaire du fond dominant aurait apportée dans le curage et l'entretien de l'aqueduc.

Chambre des Députés, Rapport du 29 juin 1843; Moniteur du 3 juillet suivant.

311. M. Daviel ne restreint pas la responsabilité du propriétaire qui a fait établir le canal au cas où le préjudice résulterait d'une négligence ou d'une faute imputable à celui-ci; il soutient en conséquence que *tout dommage* survenant à l'occasion de la conduite d'eau

6.

oblige le propriétaire du canal à le réparer. Il donne pour motif à son opinion que celui qui profite de la servitude doit nécessairement répondre des résultats fâcheux dont cette servitude a été la cause.

Daviel, *des Cours d'eau*, t. III, n. 848 quater.

312. L'opinion de M. Daviel bien qu'elle paraisse contraire au principe de l'art. 1382 du Code civil qui exige, pour que la responsabilité soit admise, que celui qu'on prétend y soumettre ait agi par imprudence, négligence et que le fait soit arrivé *par sa faute,* doit cependant être admise à raison de la situation toute spéciale dans laquelle se trouve le propriétaire du canal et celui dont le fonds est grevé par la servitude.

Cette servitude, ainsi que le fait judicieusement observer M. Daviel, existe dans l'intérêt unique de celui qui en a demandé l'établissement; lui seul en profite. Donc tous les inconvénients et tous les préjudices volontaires ou non qui peuvent en résulter doivent être réparés par celui-ci.

313. M. Dumay pense que s'il existait un dommage *probable* susceptible d'avoir des suites graves, par exemple, si l'aqueduc devait passer sous un canal, celui qui aurait à redouter ce dommage pourrait, avant qu'il fût arrivé, demander une garantie, telle qu'une caution, pour sûreté de la réparation du préjudice.

Dumay sur Proudhon, *Domaine public*, t. IV, n. 1452, pag. 413.

314. Nous n'admettons pas le *dommage probable* dont parle M. Dumay. Les travaux doivent être établis de manière à rendre improbable tout dommage par suite de leur exécution. D'ailleurs, il nous paraît impossible de soumettre à un cautionnement à raison d'un préjudice éventuel et qui peut fort bien ne jamais se réaliser.

315. Lorsque, après le règlement de l'indemnité et l'établissement de la conduite d'eau, des travaux nouveaux deviennent nécessaires par suite de l'augmentation du volume des eaux dérivées s'il faut, par exemple, élargir ou creuser le canal, il y a lieu dans ce cas à un supplément d'indemnité.

Dumay sur Proudhon, *Domaine public*, t. IV, pág 411.

316. Le Code sarde contient à ce sujet une disposition qui peut servir de règle à nos tribunaux. L'art. 629 est ainsi conçu : « Lorsque celui qui a établi un canal sur la propriété d'autrui veut s'en servir pour y introduire une plus grande quantité d'eau, il ne peut l'y faire venir qu'après qu'il aura été vérifié que l'aqueduc peut la contenir, et qu'on aura reconnu qu'il n'en peut résulter aucun préjudice pour le fonds servant. Si l'introduction d'une plus grande quantité d'eau exige la construction de nouveaux ouvrages, cette construction ne peut avoir lieu que lorsqu'on aura préalablement déterminé la nature et la quantité de ces ouvrages et qu'on aura payé la somme pour le sol à occuper et pour les dommages.

317. Il y aurait également lieu à un supplément d'indemnité dans le cas d'une aggravation quelconque de la servitude. »

318. L'indemnité doit être payée au propriétaire du fonds assujetti; peu importe que ce fonds soit ou non grevé d'hypothèques.

§ III. Exception à l'exercice de la servitude.

319. Sont exceptés de la servitude de conduite d'eau, les maisons, cours, jardins, parcs et enclos attenant aux habitations.

L. 29 avril 1845, art. 1er.

320. Par le mot *maison* il faut entendre toute construction non-seulement destinée au logement des hommes et des animaux, mais aussi ayant pour destination des magasins, des ateliers, des fabriques, des entrepôts, etc., et quelle que soit d'ailleurs l'importance de ces constructions, la nature des matériaux, leur état de conservation et d'entretien.

Dumay sur Proudhon, *Domaine public*, t. IV, n. 1452, pag. 420.

321. Pour que les jardins et les parcs soient affranchis de la servitude de conduite d'eau il faut nécessairement que ces parcs et jardins soient *attenant aux habitations*. En effet, le mot attenant aux habitations de l'art. 1er de la loi du 29 avril 1845 s'applique non-seulement aux enclos, mais encore aux parcs et jardins qui précèdent le mot enclos.

Dumay sur Proudhon, *Domaine public*, t. IV, n. 1452, pag. 421.

322. Il n'est pas indispensable que les cours, parcs et jardins dont parle l'art. 1er soient clos, il suffit qu'ils soient attenants à une habitation.

323. La clôture n'est nécessaire, pour l'affranchissement de la servitude, que pour les terrains autres que ceux qui sont cultivés en jardins ou en parcs.

324. L'exception de l'art. 1er de la loi du 29 avril 1845 ne saurait être étendue ; en conséquence, toutes les propriétés autres que celles désignées par cet article peuvent être soumises à l'exercice de la servitude de conduite d'eau.

325. Dès lors, les propriétés de l'État, des communes et des établissements publics sont, comme celles des particuliers, soumises à cette servitude.

326. Mais à l'égard des propriétés dépendantes du domaine public, telles que les grandes routes, les chemins de fer, les canaux de navigation, etc., la conduite des eaux ne peut être obtenue qu'avec l'agrément de l'autorité administrative, qui a seule qualité pour résoudre les questions qui se rattachent à la conservation du domaine public.

327. Il doit en être de même en ce qui concerne les routes départementales et même les chemins vicinaux, qui font aussi partie du domaine public.

§ IV. Obligations et droits du propriétaire grevé à l'occasion de la conduite d'eau.

328. Un membre de la Chambre des Députés avait, lors de la discussion de la loi d'avril 1845, proposé un amendement aux termes duquel le propriétaire du fonds traversé par la conduite d'eau, aurait eu la faculté de se servir des eaux, pour l'irrigation de son propre fonds, jusqu'à concurrence de la moitié du volume d'eau.

329. Cet amendement devait être et a été en effet rejeté.

Chambre des Députés. Séance du 13 février 1845, Moniteur du 14.

330. Le propriétaire du fonds assujetti ne peut, sous aucun prétexte, pratiquer des rigoles et des saignées

sur la conduite d'eau, ni établir sur le canal aucun barrage destiné à faire déverser les eaux sur son fonds.

V. n. 243, 244 et 245.

331. Il ne peut, non plus, creuser près de la conduite d'eau des fossés ou excavations quelconques, pour y amener les eaux par infiltration.

V. n. 198.

332. Il ne saurait aussi puiser de l'eau dans l'aqueduc à l'aide de pompes à la main ou de seaux.

V. n. 247 et *suivants.*

333. Il ne pourrait non plus se servir des eaux pour ses besoins personnels ou ceux de sa famille.

V. n. 247 et *suivants.*

334. Le terrain sur lequel est établie la conduite d'eau, quoique grevé de servitude, n'en continue pas moins à appartenir au propriétaire du fonds ; en conséquence, si la partie du sol consacrée à la conduite d'eau, est susceptible de quelques produits, ces produits doivent appartenir au propriétaire du terrain grevé de la servitude.

335. En conséquence, les herbes, les oseraies et les plantations qui peuvent exister sur les berges de la conduite d'eau, appartiennent à ce propriétaire.

336. Mais il doit, en jouissant des avantages que ces productions peuvent lui procurer, faire en sorte que la conduite d'eau soit respectée et qu'il ne soit pas porté atteinte à l'exercice du droit de celui auquel cette conduite d'eau doit profiter.

Dumay sur Proudhon, *Domaine public*, t. IV, n. 1452, pag. 381.

337. M. Dumay pense même que le propriétaire du

fonds assujetti, a le droit de pêche sur tout le parcours de la conduite d'eau.

Ibidem.

338. Celui qui a fait établir la conduite d'eau a le droit d'y pénétrer pour en faire le curage et les réparations qui peuvent être nécessaires.

339. L'art. 701 du Code civil dispose, en ce qui concerne en général les servitudes, que si l'assignation primitive est devenue plus onéreuse au propriétaire, il peut offrir au propriétaire du fonds dominant un endroit aussi commode pour l'exercice de ses droits, et que, dans ce cas, celui-ci ne peut refuser la substitution proposée.

340. Nul doute que cette disposition ne soit applicable en matière de servitude de conduite d'eau.

341. Dans ce cas, il est constant que le propriétaire du fonds assujetti, qui demande l'établissement de la conduite d'eau sur une autre portion de son terrain, doit supporter tous les frais auxquels le déplacement doit donner lieu.

342. Le droit reconnu dans cette circonstance au profit du propriétaire du fonds assujetti, ne saurait évidemment appartenir à celui qui exerce la servitude de conduite d'eau.

§ V. Écoulement des eaux du fonds sur lequel elles ont été conduites.

343. Les propriétaires des fonds inférieurs doivent recevoir les eaux qui s'écoulent des terrains arrosés au moyen de la servitude d'aqueduc ; sauf l'indemnité qui pourrait leur être due.

L. 29 avril 1845, art. 2.

344. Cet article a étendu la disposition de l'art. 640 du Code civil, au cas d'écoulement des eaux artificielles, mais comme ces eaux n'arrivent pas naturellement sur les fonds inférieurs et qu'elles peuvent porter préjudice à ces fonds ; comme il s'agit d'ailleurs de l'établissement d'une servitude qui constitue toujours une charge pour les fonds qui s'y trouvent assujettis, la loi a exigé à bon droit qu'une indemnité soit payée, s'il y avait lieu, au propriétaire du fonds grevé.

345. Le rapporteur s'exprimait en ces termes, à ce sujet, devant la Chambre des Députés : « Il ne suffit pas de régler les conditions auxquelles les eaux, destinées à l'irrigation d'une propriété, peuvent y être conduites à travers les fonds intermédiaires qui l'en séparent ; il faut s'occuper encore des conséquences de l'irrigation pour les héritages inférieurs qui touchent aux terrains arrosés, et se trouvent ainsi exposés à recevoir l'écoulement des eaux que la terre n'absorbe pas en totalité.

« L'art. 640 du Code civil dispose que les fonds inférieurs sont assujettis envers ceux qui sont plus élevés, à recevoir les eaux qui en découlent naturellement et sans que la main de l'homme y ait contribué. C'est dire clairement que cette servitude n'existe pas pour les eaux naturelles ou artificielles qu'un propriétaire dirige sur sa propriété au moyen d'un aqueduc, et cela, soit que cet aqueduc traverse le fonds d'autrui, soit qu'il parcoure exclusivement l'héritage du propriétaire qui se livre à l'irrigation.

« Votre commission a été unanimement frappée de

la nécessité d'étendre à ces eaux la servitude établie par
l'article 640, et d'obliger le propriétaire inférieur à en
recevoir l'écoulement, qui, d'ailleurs, sera le plus souvent un avantage pour lui ; mais, en même temps,
comme il peut arriver que, dans certains cas, cette aggravation de servitude lui devienne dommageable, votre
commission a dû lui assurer la réparation du préjudice
qu'il peut avoir à souffrir. »

> *Chambre des Députés, Rapport. Séance* du 29 juin 1843, *Moniteur* du 3
> juillet suivant.

346. L'expression : *fonds inférieurs,* de l'art. 2 de la loi
de 1845, indique suffisamment que l'obligation de recevoir les eaux n'est pas restreinte au propriétaire de l'héritage qui touche le fonds arrosé à l'aide de la conduite
d'eau ; que l'obligation de recevoir ces eaux et d'en faciliter l'écoulement peut exister aussi au préjudice d'autres propriétaires.

Mais il est constant que si la servitude leur est imposée, ils ont aussi droit à la réparation du préjudice que
la servitude peut leur occasionner.

> *Chambre des Députés, Rapport supplémentaire. Séance* du 30 mars 1844,
> *Moniteur* du 9 avril suivant.

347. Le propriétaire du fonds inférieur a le droit de
disposer des eaux qui lui sont transmises pour leur
écoulement.

> Dumay sur Proudhon, *Domaine public,* t. IV, n. 1452, pag. 427.

348. Il n'en saurait cependant être ainsi alors que les
eaux servant à l'irrigation ne sont pas la propriété de
celui qui les transmet, et qu'il n'a le droit d'en jouir qu'à
la condition de les restituer au cours d'eau auquel il les
a empruntées.

> *V.* n. 109 *et suivants.*

Dans ce cas, le propriétaire du fonds que les eaux d'écoulement traversent, ne saurait en détourner une partie quelconque.

349. La circonstance que le propriétaire qui reçoit les eaux d'écoulement peut s'en servir pour son propre usage, doit être prise en considération dans la fixation de l'indemnité à lui accorder.

V. n. 243 et *suivants.*

350. Il peut même se faire qu'à raison des avantages qu'il doit retirer de ces eaux, aucun préjudice ne lui soit occasionné ; dans ce cas, aucune indemnité ne lui est due.

351. De ce que les eaux, au lieu de lui être nuisibles, lui sont favorables et déterminent pour lui un avantage réel, il ne saurait en résulter que les tribunaux doivent lui imposer des obligations quelconques vis-à-vis du propriétaire, par le fait duquel les eaux lui sont transmises.

352. La loi de 1845 n'autorise en aucune manière le payement d'une indemnité de la part du propriétaire qui reçoit les eaux. D'ailleurs, les avantages, s'ils existent, sont la conséquence nécessaire de la disposition des lieux, et sont indépendants de la volonté de celui qui pourrait en réclamer le bénéfice.

353. M. Dumay pense que de cette expression : *fonds inférieurs,* de l'art. 2 de la loi du 29 avril 1845, il ne faut pas nécessairement conclure que l'écoulement des eaux, après l'irrigation, doit avoir lieu toujours par les fonds les plus bas, et que les tribunaux n'aient, dans aucun cas, le droit de déterminer un autre mode d'é-

coulement, et d'ordonner que la conduite d'eau soit placée sur d'autres fonds.

Dumay sur Proudhon, *Domaine public*, t. IV, n. 1452, pag. 427.

354. Nous sommes complétement de l'avis de M. Dumay ; si l'art. 2 parle, en effet, des fonds inférieurs, l'art. 3, qui règle les pouvoirs dont les tribunaux sont investis, en ce qui concerne la fixation du parcours de la conduite d'eau, de ses dimensions et de sa forme, n'impose en aucune manière à ces tribunaux l'obligation de placer le canal d'écoulement sur les fonds inférieurs.

Cet art. 3 dispose seulement que les tribunaux doivent, en prononçant, concilier l'intérêt de l'opération avec le respect dû à la propriété. Or, l'intérêt de l'opération ainsi que le respect dû à la propriété peuvent, dans certains cas, exiger que l'écoulement des eaux ait lieu autrement que par les fonds inférieurs.

355. La faculté de passage pour les eaux sur les fonds intermédiaires peut être accordée au propriétaire d'un terrain submergé en tout ou en partie, à l'effet de procurer aux eaux nuisibles leur écoulement.

L. 29 avril 1845, art. 3.

356. Cette disposition est empruntée à l'art. 630 du Code sarde, dans lequel on lit : « Les dispositions énoncées dans les articles précédents, concernant le passage des eaux, sont applicables aux cas où le possesseur d'un fonds marécageux veut le bonifier ou le dessécher par *colmats* ou attérissements, ou en creusant un ou plusieurs canaux d'écoulement. »

357. Sont exceptés de la servitude d'écoulement les maisons, cours, jardins, parcs et enclos attenant aux habitations.

L. 29 avril 1845, art. 2 *V.* n. 319 et *suivants.*

§ **VI. Pouvoir des tribunaux en ce qui concerne la servitude de conduite d'eau, son parcours, ses dimensions, sa forme et les indemnités à payer:**

358. Les contestations auxquelles peuvent donner lieu l'établissement de la servitude, la fixation du parcours de la conduite d'eau, de ses dimensions, de sa forme et des indemnités dues soit au propriétaire qui recevra l'écoulement des eaux, sont portées devant les tribunaux qui, en prononçant, doivent concilier l'intérêt de l'opération avec le respect dû à la propriété.

L. 29 avril 1845, art. 4.

359. Il est procédé devant les tribunaux comme en matière sommaire, et, s'il y a lieu, à expertise, il peut n'être nommé qu'un expert.

L. 29 avril 1845, art. 4.

360. La servitude de conduite d'eau doit-elle être concédée toutes les fois que le propriétaire, qui a le droit de disposer des eaux, le demande? Ce droit est-il absolu et doit-il être accordé toutes les fois qu'on en réclame l'exercice?

361. Ce droit semblait devoir être absolu par les termes du projet de loi présenté à la Chambre des Députés; on y lisait, en effet, à l'art. 1er : « Tout propriétaire *pourra réclamer* le passage des eaux, etc. »

362. M. Pascalis, lors de la discussion de la loi, proposa de substituer à ces mots : *pourra réclamer*, ceux-ci : *pourra obtenir*.

363. M. Pascalis expliquait en ces termes l'objet de la substitution par lui proposée : « Il résulte de la ré-

daction de la commission, que le propriétaire qui a la disposition d'eaux naturelles ou d'eaux produites par des ouvrages d'art, aura le droit de réclamer le passage sur les fonds intermédiaires, à la charge par lui de payer une juste et préalable indemnité. Si le propriétaire qui veut arroser son fonds, demande le passage, cette servitude lui sera nécessairement accordée.

« Mon amendement a pour objet de reconnaître aux tribunaux le pouvoir de décider, suivant les circonstances, si la servitude doit ou non être concédée. Pour qu'il en soit ainsi, il faut que les tribunaux aient toute latitude, et qu'ils puissent, conformément à l'art. 645 du Code civil, concilier les intérêts de l'agriculture avec le respect dû à la propriété.

« Ils examineront, en conséquence, s'il y a vraiment utilité pour l'agriculture, et s'il ne résultera pas, relativement, un trop grand dommage pour la propriété, de l'établissement de la servitude.

« La rédaction de la commission, si elle était adoptée, ne laisserait pas cette latitude aux tribunaux. Et c'est pour faire disparaître tout doute à cet égard, que je veux placer la faculté, non dans la réclamation, mais dans l'obtention ou la concession du droit.

« Ainsi, les tribunaux examineront, par exemple, si, relativement à la propriété qu'il s'agit d'arroser, la servitude ne serait pas trop onéreuse. S'il était question d'un jardin ou d'une autre étendue très-réduite, et que, pour arriver à ce résultat si restreint, si peu avantageux à l'agriculture, il fallût traverser un grand nombre de propriétés, comme cela peut arriver dans l'état de l'extrême division de la propriété ; il est utile et juste que dans ce cas, les tribunaux soient armés du droit de refuser l'établissement de la servitude. »

Chambre des Députés, Séance du 13 février, *Moniteur* du 14.

364. La commission adhéra au changement de rédaction proposé par M. Pascalis. Le rapporteur de cette commission s'exprimait ainsi à ce sujet : « L'art. 682 du Code civil qui a établi la servitude de l'enclave, veut que le propriétaire qui la réclame soit obligé de s'adresser aux tribunaux. Eh bien ! ce que cet article a établi pour l'enclave, nous l'instituons pour le passage des eaux, avec cette différence seulement que, ce qui est absolu pour l'enclave, nous l'établissons ici comme facultatif pour le pouvoir judiciaire, qui pourra, suivant les cas, accorder ou refuser la servitude, selon qu'elle sera ou qu'elle ne sera pas justifiée par un intérêt d'irrigation réel et sérieux. »

365. L'amendement de M. Pascalis a été adopté ; il en résulte donc que le droit conféré par l'art. 1er de la loi du 29 avril 1845, n'est pas absolu, et que les tribunaux peuvent en refuser l'exercice lorsqu'ils croient convenable de le faire, et alors surtout qu'il leur apparaît que le droit d'irrigation réclamé n'a pas un objet sérieux, important et de nature à justifier la création de servitudes qui n'ont été admises par la loi qu'en vue des intérêts légitimes de l'agriculture.

366. Les tribunaux doivent déterminer le parcours de la conduite d'eau. « La fixation du parcours, disait à ce sujet le rapporteur à la Chambre des Députés, a pour objet de permettre à l'autorité judiciaire de choisir dans les terrains soumis à la servitude, l'endroit où cette servitude devra être établie. C'est quelque chose de pareil au droit de passage qui est donné au propriétaire enclavé sur les propriétés qui l'entourent. Les tribunaux choisissent le lieu du passage. » .

367. Ainsi, les dispositions relatives à l'enclave s'appliquent au cas de réclamation de la servitude de conduite d'eaux, toutes les fois que ces dispositions sont conciliables avec la loi du 29 avril 1845 et avec le nouveau droit que cette loi consacre.

368. La conduite des eaux devra donc être établie du côté où le trajet est le plus court du fonds à irriguer au point où l'eau peut être dérivée avec avantage.

V. Code civil, art. 683.

369. Néanmoins, la conduite d'eau doit être placée dans l'endroit le moins dommageable à celui sur le fonds duquel la servitude est accordée.

V. Code civil, art. 634.

370. Le propriétaire qui peut faire passer les eaux sur son propre fonds ne doit pas être admis à exercer la servitude de conduite d'eau, bien qu'il éprouverait plus de facilité et moins de dépense en établissant la conduite d'eau sur le terrain de son voisin.

La servitude n'existe qu'autant qu'il y a pour le propriétaire *impossibilité* de transmettre les eaux par son propre fonds.

371. Il est nécessaire aussi d'admettre que, lorsque celui qui a obtenu sur un terrain intermédiaire le droit de conduite d'eau, vient à acquérir un fonds voisin par lequel le passage de l'eau peut s'effectuer, le propriétaire de l'héritage assujetti peut obtenir la décharge de la servitude; mais, dans ce cas, l'indemnité qui a été payée doit être restituée en partie au moins.

372. C'est aux tribunaux qu'il appartient de déterminer les dimensions et la forme de la conduite d'eau.

373. Lors de la discussion de la loi, le ministre des travaux publics a proposé un amendement aux termes duquel la fixation des dimensions et de la forme des conduites d'eau devait être faite par l'autorité administrative.

374. Cet amendement fut repoussé par le motif que le système proposé entraînait deux procès, l'un auprès des tribunaux, pour l'établissement de la servitude, l'autre auprès de l'administration, pour la fixation des dimensions et de la forme de la conduite d'eau ; que les tribunaux, juges des questions de propriété, étaient compétents pour prononcer sur l'existence de la servitude et sur son mode d'exécution ; que la conduite d'eau établie en vertu de l'art. 1er de la loi du 29 avril 1845 ne devait exercer aucune influence sur le cours d'eau, puisqu'à l'aide de l'aqueduc on ne pouvait transporter que les eaux afférentes au terrain riverain ; que dès lors le mode d'établissement de la servitude de conduite d'eau ne devait pas nécessairement rentrer dans les attributions de l'autorité administrative.

375. Les tribunaux ordinaires ont donc été maintenus comme juges des questions que la dimension et la forme de la conduite d'eau peuvent soulever.

L. 29 avril 1845, art. 4.

376. On ne saurait autoriser la conduite des eaux au moyen d'un canal déjà établi et qui a une autre destination. On comprend, en effet, qu'il résulterait du mélange des eaux des difficultés qui rendraient l'appréciation des droits de chacun souvent impossible.

377. Mais on pourrait autoriser l'établissement d'un aqueduc qui pourrait être placé, soit au-dessous, soit au-dessus du canal.

Dubreuil, *Législation sur les eaux*, t. 1, pag. 288, n. 160.

378. Le Code sarde contient à cet égard une disposition formelle. On lit en effet à l'art. 624 ce qui suit : « On devra également permettre le passage des eaux à travers les canaux et aqueducs de la manière la plus convenable et le mieux adaptée aux localités et à l'état de ces canaux et aqueducs, pourvu que le cours de leurs eaux ne soit ni gêné, ni retardé, et qu'il n'en résulte aucun changement dans le cours de ces mêmes eaux. »

———•◉•———

CHAPITRE VI.

Barrage. — Servitude d'appui.

379. Sous l'empire de l'ancienne législation il était admis que celui dont la propriété était *traversée* par un cours d'eau, avait le droit d'établir sur ce cours d'eau un barrage pour élever les eaux et les faire servir à l'irrigation.

Arrêt du parlement de Rouen du 15 juillet 1755 ; Barnage, sur l'art. 210 *de la coutume de Normandie*.

380. Ce droit, depuis le Code civil, a été reconnu au profit des propriétaires qui se trouvaient dans les mêmes conditions.

Daviel. *Des Cours d'eau*, t. II, n. 593.

7.

381. Un arrêt de la Cour de cassation semblerait indiquer que, dans certains cas et notamment lorsqu'il y a abus de jouissance, le propriétaire dont l'héritage se trouve *traversé* par le cours d'eau peut être contraint à détruire le barrage qu'il a établi.

382. Dans l'espèce soumise à la Cour de cassation, la question du procès était celle de savoir si le propriétaire des deux rives avait le droit d'absorber la totalité des eaux pour l'irrigation de sa propriété.

383. La Cour suprême a décidé, avec raison, qu'il n'avait pas ce droit; que si le propriétaire des deux rives pouvait user plus largement des eaux que le simple riverain, il ne devait pas être admis à les absorber complétement, même pour les besoins de son héritage; que les riverains inférieurs avaient aussi des droits qu'il fallait respecter.

384. Le barrage établi par le propriétaire auquel on reprochait une jouissance abusive des eaux, n'a pas été sérieusement contesté, et c'est à tort que plusieurs arrêtistes ont vu la contestation du droit de barrage dans le considérant de l'arrêt de la Cour de cassation qui est ainsi conçu :

« Attendu qu'il n'est pas exact de dire, comme le fait l'arrêt attaqué, qu'il n'y a lieu à la destruction des ouvrages pratiqués par les propriétaires supérieurs que lorsqu'ils les ont fait faire méchamment et sans utilité pour eux. »

Cass., 27 août 1844, Barric et Letanneu , C. Combes (*Journal du Palais*, t. II, 1847; pag. 706).

385. Ce considérant, ainsi qu'on le voit par la généralité des termes qu'il emploie, n'a pas pour but de s'expliquer spécialement sur le barrage et encore moins de poser en principe que le propriétaire du fonds traversé par un cours d'eau n'a pas le droit d'y établir un barrage ; il a pour unique objet de combattre une proposition qui, dans les termes où elle était formulée, était, en effet, inexacte.

386. Au surplus, l'affaire a reparu devant la Cour de cassation par suite d'un nouveau pourvoi, et le rapporteur s'est expliqué dans des termes qui ne peuvent laisser aucune incertitude sur la question du droit de barrage ; il a dit en effet : « L'arrêt attaqué, tout en décidant que les sieurs Depins et Combes *n'ont fait qu'user de leur droit en facilitant, par des constructions et barrages, le cours des eaux sur leurs propriétés*, a ordonné cependant qu'il sera fait un règlement entre le demandeur et les propriétaires supérieurs; en cela ne fait-il pas taire toutes les plaintes du demandeur et ne s'est-il pas conformé à tout ce que prescrivait la loi ? »

(*Journal du Palais*, t. II. 1847, pag. 710.)

387. Cette doctrine a été consacrée par la Cour de cassation, qui cette fois a rejeté le pourvoi.

Cass. 8 juillet 1846, Barric et Letanneur, C. Combes et Depins (*Journal du Palais*, t. II, 1847, pag. 709).

388. Le droit, pour le propriétaire dont le terrain est traversé par un cours d'eau, d'y placer un barrage n'a donc pas été méconnu, ainsi qu'on l'a dit, par l'arrêt dont nous venons de parler.

389. Le droit d'établir un barrage sur le cours d'eau pouvait-il être exercé, avant la loi du 11 juillet 1847, par le propriétaire de l'une des rives de ce cours d'eau ?

390. M. Proudhon pensait que ce droit existait au profit de ce propriétaire, par le motif que celui auquel

une servitude est due peut faire tous les ouvrages nécessaires pour en user et la conserver.

Proudhon, *Domaine public*, t. IV, n. 1443.

391. M. Pardessus, sans admettre une opinion aussi absolue, soutenait que le riverain du cours d'eau pouvait y établir un barrage mobile, venant s'appuyer momentanément sur le fonds du riverain opposé.

Pardessus. *Des servitudes*, t. I, n. 105.

392. La doctrine de M. Proudhon et celle plus restreinte de M. Pardessus n'ont pas été admises par la jurisprudence administrative ou judiciaire.

393. Il a été constamment jugé, avant la loi du 11 juillet 1847, que le propriétaire riverain d'un cours d'eau ne pouvait pas appuyer un barrage sur un terrain qui ne lui appartenait pas.

Metz, 28 avril 1824, Hallet, C. Houchard; Rouen, 6 mai 1828, Lebas, C. Bruneteau; Besançon, 27 nov. 1844. Thiboudet, C. Chappuis et Grappin (*Journal du Palais*, t, II, 1845, pag, 402) ; V. Duranton, t. 2, n. 213. Daviel, *des Cours d'eau*, t. II, n. 596.

394. Jugé de même que le droit d'appuyer un barrage sur une propriété étrangère n'existait pas alors même que le barrage était mobile et ne devait porter sur la rive opposée que momentanément.

Cass., 12 mai 1840, Godard, C. Godard-Poussignol (*Journal du Palais*, t, II, 1840, pag. 417).

395. L'appui du barrage sur une propriété voisine ne pouvait, en effet, avoir lieu, qu'en vertu d'un droit de servitude qui, avant la loi du 11 juillet 1847, n'existait pas.

396. La loi du 11 juillet 1847 a eu pour objet de compléter la loi de 1845, en accordant aux propriétaires riverains le droit d'établir, moyennant une juste et préalable indemnité, un barrage sur la propriété voisine.

397. Lors de la discussion de la loi du 29 avril 1845, un des orateurs avait proposé de compléter cette loi, en y introduisant une disposition relative à la servitude d'appui du barrage.

398. Cette proposition était ainsi conçue : « Celui dont la propriété borde une eau courante, et qui a le droit de s'en servir pour l'irrigation de ses propriétés, pourra, dans le but d'établir ses barrages et d'élever les eaux, obtenir la servitude d'appui sur la rive opposée, si elle ne lui appartenait pas, à la charge d'une juste et préalable indemnité. »

399. Sans contester l'utilité de cette disposition, on fit observer que le droit de barrage se rattachait à l'endiguement des rivières et que les conseils généraux n'avaient pas été consultés à cet égard, comme ils l'avaient été pour la servitude de conduite d'eau.

400. Cette observation détermina la Chambre des Députés à repousser l'amendement.

401. Les conseils généraux, consultés sur l'utilité et l'opportunité de la servitude d'appui des barrages, accueillirent favorablement la proposition, qui en conséquence reparut en 1847 devant la Chambre des Députés.

402. Le 11 juillet 1847 intervint la loi portant que tout propriétaire qui voudra se servir, pour l'irrigation de ses propriétés, des eaux naturelles ou artificielles dont il a le droit de disposer, pourra obtenir la faculté d'appuyer sur la propriété du riverain opposé les ouvrages d'art nécessaires à sa prise d'eau, à la charge d'une juste et préalable indemnité.

Art. 1er, V. n. 261 et *suivants*.

403. La loi du 11 juillet 1847 en disposant, comme

celle du 29 avril 1845, que les eaux retenues par le barrage seraient celles dont le propriétaire a le droit de disposer, n'a pas entendu, ainsi que cette dernière loi, créer des droits nouveaux, mais seulement donner un moyen particulier d'exercer ceux que la législation antérieure avait consacrés.

V. n. 275 et *suivants.*

404. Cette intention, indépendamment des termes de la loi, résulte aussi des paroles prononcées à ce sujet par le rapporteur du projet de loi qui s'est exprimé en ces termes : « Ici, comme dans la loi de 1845, les auteurs de la proposition se sont sévèrement abstenus de toucher à la législation existante sur le régime et la police des eaux : la servitude d'appui, de même que celle d'aqueduc, n'est demandée que pour les eaux dont on a le droit de disposer ; et pour qu'aucun doute ne pût s'élever sur leur intention de respecter religieusement les dispositions du Code civil sur la propriété et la jouissance des eaux, et celles des lois spéciales qui en confèrent la police à l'autorité administrative, ils ont pris soin de s'en expliquer nettement, en rappelant l'art. 5, de la loi du 29 avril 1845, qui est très-formelle à cet égard. »

405. La proposition originairement faite et celle de M. Farelle, soumise en 1847 à la Chambre des Députés avait pour objet de créer une servitude légale existant de plein droit.

406. La commission de la Chambre des Députés a cru devoir repousser une disposition aussi absolue et substituer au droit qui eût existé, par le seul effet de la loi, une faculté que les tribunaux sont toujours maîtres d'accorder ou de refuser suivant les circonstances.

407. « Il n'est resté aucun doute, a dit M. le rapporteur, dans l'esprit de la commission sur la nécessité d'admettre la servitude d'appui que les honorables auteurs de la proposition demandent à inscrire au nombre des servitudes légales que renferment déja nos lois civiles, et qui semblent l'indispensable corollaire de la servitude d'aqueduc précédemment votée. Mais, en même temps, il lui a paru sage d'environner l'exercice de ce droit de toutes les garanties propres à empêcher qu'il ne devienne abusivement le moyen de satisfaire un caprice, ou de tracasser un voisin, sans offrir aucun résultat sensiblement profitable à l'agriculture. »

V. n. 360 et *suivants*.

408. Sont exceptés de la servitude d'appui du barrage, les bâtiments, cours et jardins attenant aux habitations.

L. 11 juillet 1847, art. 1er. V. n. 319 et *suivants*.

409. La proposition de MM. d'Angeville et Farelle reproduisait exactement les termes de l'exception de la loi du 29 avril 1845. En conséquence, elle affranchissait de la servitude, indépendamment des maisons, cours et jardins, les *parcs* et *enclos*.

410. La commission a pensé que l'exception devait être restreinte aux maisons, aux cours et aux jardins et qu'il n'y avait aucun inconvénient à soumettre les parcs et enclos à la règle commune, alors surtout que les tribunaux avaient le droit de les soustraire à l'exercice de la servitude lorsqu'il pouvait en résulter des inconvénients graves.

411. Le mot *bâtiment* a été dans la loi de juillet 1847 substitué, sur la demande de M. Gillon, au mot *maison*,

qui se trouve dans celle du 29 avril 1845. Cette substitution a eu lieu pour éviter toute difficulté et pour qu'il
fût bien entendu que la servitude ne pouvait être réclamée lorsqu'il s'agirait d'une construction quelconque.

V. n. 320.

412. Le riverain sur le fonds duquel l'appui est réclamé peut toujours demander l'usage commun du barrage, en contribuant pour moitié aux frais d'établissement et d'entretien.

Aucune indemnité n'est respectivement due dans ce
cas et celle qui aurait été payée doit être rendue.

L. 11 juillet 1847, art. 2.

413. Lorsque cet usage commun n'est réclamé qu'a-
près le commencement ou la confection des travaux,
celui qui le demande, doit supporter seul l'excédant de
dépense, auquel doivent donner lieu les changements
à faire au barrage pour le rendre propre à l'irrigation
des deux rives.

L. 11 juillet 1847, art. 2.

414. La rédaction primitive de l'art. 2 de la loi du 11
juillet 1847 a subi une modification qui sert à préciser
le sens et la portée de la rédaction définitive.

415. L'article proposé par la commission était ainsi
conçu : « Le riverain sur le fonds duquel l'appui sera
réclamé, pourra toujours demander *à profiter du barrage
pour employer les eaux, dont il a le droit de jouir, à l'irrigation de ses propriétés, à la charge de contribuer pour
moitié*, etc. »

416. M. Creton a proposé de substituer à cette rédaction celle-ci : « Le riverain sur le fonds duquel l'appui

sera réclamé, pourra toujours *demander l'usage commun du barrage en contribuant pour moitié*, etc. »

417. M. Creton a dit que cette rédaction lui paraissait préférable, parce qu'elle indiquait nettement que la contribution aux frais de barrage ne devait exister qu'autant que l'usage même du barrage était réclamé et non au cas où le riverain jouirait seulement de l'élévation des eaux.

418. « J'ai craint, a-t-il dit, que la rédaction de la commission ne donnât lieu à des contestations sérieuses entre les riverains; j'ai pensé que les riverains qui n'avaient pas demandé le barrage, qui ne l'avaient pas provoqué, et qui l'avaient purement et simplement laissé faire par des voisins, pouvaient toujours user de leur droit facultatif, et profiter de la surélévation des eaux, et qu'ils n'étaient tenus pour cela à aucune indemnité. »

419. La rédaction proposée par M. Creton fut accueillie par la commission ainsi que par M. le ministre des travaux publics et votée sans contestation aucune.

420. Il résulte donc du texte de l'art. 2, rapproché des explications fournies par M. Creton, que non-seulement les propriétaires supérieurs, mais aussi celui sur le fonds duquel le barrage est appuyé peuvent profiter de la surélévation des eaux, sans avoir à payer aucune indemnité.

421. L'art. 2 ainsi entendu, il doit nécessairement en résulter que l'indemnité dont parle cet article pourra très-rarement être réclamée.

422. Les contestations auxquelles peut donner lieu l'application des art. 1 et 2 de la loi du 11 juillet 1847, sont portées devant les tribunaux.

L. 11 juillet 1847, art. 3. V. n. 358 et *suivants*.

423. Il est procédé comme en matière sommaire, et s'il y a lieu à expertise, le tribunal peut ne nommer qu'un seul expert.

L. 11 juillet 1817, art. 3.

424. Il n'est aucunement dérogé par les dispositions de la loi du **11 juillet 1847** aux lois qui règlent la police des eaux.

L. 11 juillet 1847, art. 4. V. n. 275 et *suivants*.

APPENDICE.

<hr>

RAPPORT

Fait à la Chambre des Députés, dans sa séance du 29 juin 1843, au nom de la Commission (1) chargée de l'examen de la proposition relative aux Irrigations ;

PAR M. DALLOZ,

DÉPUTÉ DU JURA.

———

Messieurs,

Quand on se rappelle le soin , en quelque sorte religieux, avec lequel les anciens peuples utilisaient les eaux dans l'intérêt de l'agriculture, et pour peu qu'on veuille observer les heureux résultats de l'irrigation, soit chez des nations modernes qui nous touchent, soit même dans quelques contrées de notre propre territoire régies, à cet égard, par d'anciens usages, on s'étonne que notre législation, en général si progressive, ait si peu fait jusqu'ici pour féconder ce précieux élément de la richesse agricole.

L'abondance des troupeaux, le développement de la race chevaline , et, par suite, l'accroissement des engrais et le bon marché

(1) Cette Commission est composée de MM. Ternaux, Barillon, Passy (H.), Lafont, Benoist, Mater, Dalloz, Bert, Proa.

des matières animales sont subordonnés à l'étendue et à la fertilité des prairies ; et la prospérité des prairies dépend, à son tour, de la facilité des irrigations, particulièrement dans les régions où la chaleur et l'humidité de la température ont besoin d'être ramenées, par les efforts de l'homme, à un équilibre que la nature ne leur a pas donné.

Depuis quelque temps, on se plaint vivement, en France, de la disproportion des prairies, soit avec la superficie générale des terres labourables, soit avec l'étendue des prés dans presque tous les États d'Europe ; c'est à cette insuffisance qu'on attribue une infériorité fâcheuse dans la production des matières animales, infériorité dont l'effet est de nous rendre tributaires de l'étranger pour les besoins de notre agriculture, de notre industrie, de notre armée, et d'élever un objet de consommation de première nécessité à un prix qui en rend l'usage habituel à peu près impossible aux classes laborieuses à qui ce genre d'alimentation est le plus nécessaire.

Ces considérations ont fixé l'attention des agronomes et des économistes (1) ; elles ont excité la sollicitude du Gouvernement : ce sont elles aussi qui ont inspiré à notre honorable collègue, M. le comte d'Angeville, une proposition que déjà la Chambre a prise en considération et qu'elle a renvoyée à l'examen d'une Commission dont je viens vous soumettre le travail.

Une loi générale et complète sur les irrigations serait un grand œuvre ; elle demanderait un ensemble de dispositions qui en feraient un véritable code et un code assez étendu. Elle devrait, en effet, embrasser tout à la fois les grands canaux d'irrigation dérivés des fleuves et rivières dépendant du domaine public, les dérivations des cours d'eau ordinaires, les irrigations produites à l'aide des eaux privées telles que les sources, les étangs, les eaux de

---

(1) Parmi eux, on doit citer notre honorable et regrettable ancien collègue M. Auguste de Gasparin, M. le comte d'Esterno, qui a pris une honorable initiative dans un écrit fort remarquable qu'il a publié sur les irrigations, et M. Moreau de Jonnès qui, dans un excellent écrit qui vient de paraître sur la statistique des céréales, réclame l'irrigation même au point de vue de la production du blé dans les départements du Midi.

pluie et de neige recueillies dans des réservoirs, et enfin les eaux souterraines ramenées sur le sol par les puits artésiens. Pour les grands canaux exécutés par l'État ou délégués à des compagnies, elle aurait à organiser un système de répartition des eaux, et à régler les conditions auxquelles elle seraient livrées à l'agriculture. Relativement aux cours d'eau ordinaires, elle aurait à résoudre un grave problème, celui de savoir si ces cours d'eau doivent demeurer le partage exclusif des riverains immédiatement contigus, ou profiter aussi, comme de bons esprits le demandent (1), à toute propriété, même non riveraine, que son niveau rend susceptible d'irrigation. Cette loi générale aurait enfin à concilier l'intérêt des propriétaires de prairies avec celui des propriétaires d'usines, et à faire prospérer l'agriculture sans préjudicier à l'industrie. L'élaboration d'une semblable loi offre donc, on n'en saurait douter, une tâche immense ; et si telle avait été la portée de la proposition de M. d'Angeville, votre Commission aurait certainement manqué du temps nécessaire à son examen.

Heureusement cette proposition est beaucoup moins étendue, et bien que dans les développements pleins de science et d'intérêt où il est entré, son honorable auteur ait touché presque tous les points du sujet, il est vrai de dire cependant qu'il n'a soumis à vos délibérations qu'une partie de la vaste matière des irrigations. Ainsi, la proposition laisse à l'écart les grands canaux de dérivation entrepris par l'État et par les Compagnies sur les fleuves et rivières ; le régime de distribution de ces eaux, et toutes les questions qui se rattachent à la propriété, à l'usage et au partage des cours d'eau ordinaires. Elle a seulement pour objet de réclamer pour les eaux naturelles ou artificielles dont un propriétaire peut avoir le droit de disposer, le droit de conduire ces eaux sur sa propriété, en traversant les fonds intermédiaires qui l'en séparent.

Quoique renfermée dans ces limites, la proposition n'en a pas moins paru grave à votre Commission. Avant d'en commencer

(1) On peut voir sur ce point un rapport fort intéressant fait tout récemment, par M. le conseiller Fournier, à la Société royale d'agriculture, des sciences et des arts de Limoges, à laquelle le conseil général de la Haute-Vienne avait renvoyé l'examen des questions posées par M. le Ministre de l'agriculture aux conseils généraux, en 1842.

l'examen, elle a jugé convenable de s'éclairer sur les dispositions du Gouvernement qu'elle savait s'être préoccupé de la matière des irrigations. A sa prière, M. le Ministre, accompagné de M. le sous-secrétaire d'État des travaux publics et M. le Ministre de l'agriculture et du commerce se sont rendus dans son sein.

Les deux ministres ont d'abord exprimé la pensée que le moment était venu de songer sérieusement à faire jouir notre agriculture des avantages que l'irrigation procure à des peuples voisins et à quelques-uns de nos départements méridionaux, où elle est pratiquée sous l'empire d'anciennes coutumes locales. C'est dans cette vue que le Gouvernement a consulté les conseils généraux de l'agriculture et du commerce, et les conseils généraux des départements. M. le Ministre de l'agriculture et du commerce s'associe à toute proposition qui pourra réaliser un but aussi désirable. M. le Ministre des travaux publics a considéré la question comme susceptible de faire partie du système général qu'il avait voulu embrasser l'année dernière dans le projet de loi relatif à l'endiguement des fleuves et rivières (1). Il a rappelé que le Gouvernement avait plusieurs fois, et tout récemment encore, autorisé l'ouverture de grands canaux de dérivation dans un intérêt général, mais que notre législation n'offrait aucunes règles sur le régime de ces concessions, ni sur les conditions auxquelles les eaux doivent être livrées aux besoins de l'agriculture, et que cette insuffisance de nos lois excitait toute sa sollicitude. M. le Ministre a fait observer que la proposition de M. le comte d'Angeville était particulièrement relative aux eaux des petites rivières, des ruisseaux et des torrents, mais qu'auparavant il faudrait résoudre la question de propriété de ces eaux et de leur partage entre les riverains et les propriétaires d'usines. En résumé, sans s'opposer à l'examen de la proposition qu'il a regardée comme un avertissement utile, M. le Ministre des travaux publics a paru croire qu'il serait préférable d'embrasser le système dans son entier, et il a annoncé l'intention de présenter un projet dans ce sens au commencement de la session prochaine.

(1) Ce projet, présenté à la Chambre des Pairs, a été l'objet d'un savant rapport de M. le comte d'Argout, mais il n'est pas parvenu à discussion.

En présence de ces paroles, votre Commission a dû se demander
d'abord s'il ne suffisait pas de prendre acte de la promesse du
Ministre, et d'attendre le projet d'ensemble annoncé. On a fait
observer, en faveur de cette opinion, qu'il y aurait peut-être quelque avantage à ne pas scinder une matière dont les diverses parties,
bien que distinctes, peuvent avoir besoin d'être coordonnées et
mises en harmonie ; que, d'ailleurs, l'ajournement offrait peu d'inconvénients, puisque, d'après les paroles du Ministre, la présentation de la loi générale était très-prochaine. Mais votre Commission
a pensé qu'il était douteux que le Gouvernement, malgré toute la
bonne volonté de M. le Ministre des travaux publics, pût se trouver
en mesure d'apporter, au commencement de la session prochaine,
une loi aussi étendue, aussi complexe et aussi difficile que celle dont
il paraissait avoir conçu l'idée. Elle a considéré, en second lieu,
que les grands canaux d'irrigation entrepris par l'État ou délégués
à des compagnies, dans un intérêt général, n'avaient rien de commun avec l'usage que peut faire un propriétaire, pour l'irrigation
de ses propriétés, des eaux privées provenant de sources, d'étangs,
de réservoirs, et, en général, de toutes les eaux naturelles ou artificielles dont il peut avoir le droit de disposer. Relativement même
aux petites rivières, aux ruisseaux et torrents, votre Commission
n'a trouvé aucune connexion nécessaire entre la question de propriété ou d'usage de ces eaux, et celle qui a pour objet de leur
procurer un passage sur le terrain d'autrui, dans tous les cas où
cette propriété et cet usage, régis par les art. 644 et 645 du Code
civil, ne sont pas contestés. Il a donc paru à votre Commission
que, sans apporter aucune innovation à la législation actuelle sur
la propriété et l'usage des eaux, elle pouvait très-distinctement
examiner la question de savoir si le droit de passage sur le terrain
d'autrui, qui est demandé pour les eaux dont un propriétaire peut
disposer et qu'il destine à l'irrigation de ses propriétés, est réellement justifié par les raisons d'intérêt général qu'invoque l'honorable auteur de la proposition. Ces divers motifs ne lui ont pas permis d'admettre l'idée d'un ajournement qui ne saurait être d'aucun
intérêt par la facilité qu'aura toujours le Gouvernement de présenter, s'il le juge convenable, une loi générale qui absorbera la
proposition, mais qui aurait l'inconvénient grave de différer l'exa-

men d'une mesure réclamée au nom d'un besoin sérieux et urgent.

Pour apprécier la proposition sous ses faces diverses, votre Commission a dû, en premier lieu, se rendre un compte exact de la situation du pays, relativement à l'étendue de ses prairies et à la production des matières animales. Elle a recherché ensuite quelle est, sous ce rapport, l'amélioration à notre situation actuelle qu'on peut se promettre d'une facilité plus grande accordée aux irrigations en général, et en particulier de l'adoption de la proposition. Enfin, elle a examiné dans sa formule et dans ses détails secondaires la mesure qui est l'objet de cette proposition.

Suivant les savantes statistiques de M. Moreau de Jonnès, publiées par M. le Ministre de l'agriculture et du commerce, la France possède 25,559,000 hectares de terres cultivées à la charrue, et seulement 4,198,197 hectares de prairies naturelles; c'est, comme on voit, 5 hectares un tiers environ de terre arable pour 1 hectare de pré : en d'autres termes, nos prairies sont un peu moins du sixième de la superficie agricole du pays. Si l'on compare cette situation avec celle que présente la statistique des États qui nous environnent, on est frappé de la disparité vraiment énorme que révèle un tel rapprochement. En effet, les prairies naturelles sont en Allemagne, en Prusse, en Autriche, en Dannemark, dans la proportion d'un hectare de pré pour trois hectares et demi environ de terre arable; dans le Wurtemberg et en Bavière, on trouve un hectare de pré sur deux hectares et demi de terrre labourable : et, en Angleterre (1), ainsi qu'en Hollande, l'étendue superficielle des prairies égale, si elle ne surpasse, celle des terres consacrées à la culture.

Cette infériorité de la France, quant à l'étendue de ses prairies, doit avoir naturellement pour effet d'en amener une à peu près correspondante dans la production des matières animales. Ainsi voit-on par le mouvement d'importation et d'exportation que constatent les États de l'administration des douanes, que nos exportations en matières animales de toute espèce ne sont que de 16 millions de francs, tandis que nos importations s'élèvent au chiffre

____

(1) Voyez la statistique de l'Angleterre, par M. Moreau de Jonnès, t. Iᵉʳ.

considérable dé 110 millions, ce qui donne une balance de 94 millions au profit de l'étranger. Dans le relevé statistique entrent les chevaux, dont on voit que de 1823 à la fin de 1841, c'est-à-dire dans l'espace de dix-neuf ans, nous avons importé 380,337, tandis que nous n'en avons exporté que 80,513 ; différence 299,824 têtes, soit en moyenne 15,781 chevaux que l'étranger nous fournit annuellement.

Ces chiffres exposés déjà par l'honorable auteur de la proposition, mais dont votre Commission a pris soin de vérifier l'exactitude et qu'elle a rectifiés dans quelques points, n'ont pas besoin de commentaire ; ils en disent plus que toutes les paroles. Ils ne peuvent laisser aucun doute sur l'urgence qu'il y a d'appliquer nos efforts à corriger, autant qu'il est possible, un état de choses qui affecte tout à la fois les intérêts de l'agriculture et ceux du trésor, les besoins de notre consommation et ceux de notre armée, et contre lequel portent en même temps deux des plus grandes nécessités de tout pays, la nécessité de la défense et celle de l'hygiène publique.

Mais quel est le remède à ce mal ? Peut-on le trouver dans une législation propre à encourager et à faciliter les irrigations, ce principe créateur et vivifiant des prairies naturelles ? C'est le second point que votre Commission a dû examiner. Elle n'oserait affirmer, elle dira même qu'elle ne croit pas qu'un perfectionnement de notre législation sur la matière puisse avoir immédiatement pour résultat de racheter complétement une inégalité qu'elle déplore ; car il faut tenir compte de la différence des lieux et de la nature des climats, et de la diversité des températures ; mais elle n'hésite pas à penser qu'il n'est aucun autre moyen plus propre à approcher du but, sinon à l'atteindre. Il n'est pas besoin, pour se convaincre de cette vérité, de remonter avec un savant ingénieur, auteur d'un ouvrage récent (1), à l'histoire des Chinois et des Persans qui, les

(1) M. Nadault de Buffon, chef de la division des cours d'eau au ministère des Travaux Publics, qui vient de publier un ouvrage important intitulé : *Traité théorique et pratique des irrigations*. L'introduction est un historique fort érudit de l'irrigation chez les anciens, au moyen âge et dans les temps modernes ; le premier volume renferme la description des canaux d'irrigation de l'Italie septentrionale et du midi de la France.

premiers avec les Égyptiens, ont pratiqué l'art de l'irrigation, ni aux poëtes grecs et romains qui en ont chanté les bienfaits; il suffit de voir les merveilleux résultats qu'elle a produits en Espagne, dans le Piémont, dans la Lombardie, où les deux grands canaux dérivés du Tessin et de l'Adda, vers la fin du XIIe et au commencement du XIIIe siècle, ont eu pour effet de transformer plus de cent mille hectares de grèves stériles en magnifiques prairies d'une inestimable fécondité. Il suffit de promener ses regards, soit sur les rives de la Durance, soit sur cette multitude de petits canaux qui vivifient les belles prairies des Pyrénées, dont l'origine et le régime remontent à la domination des Visigoths et des Arabes au moyen âge, soit enfin sur le département de Vaucluse dont la prospérité et la richesse datent aussi du système d'irrigation introduit par la législation italienne, quand il dépendait du comtat venaissin.

Il n'est, au reste, qu'un sentiment sur ce point parmi les agronomes, si l'on en juge par les avis des sociétés agricoles et du conseil général de l'agriculture, consulté par M. le Ministre de l'agriculture et du commerce. Dans la séance de ce conseil, du 11 janvier 1842, l'un de ses membres les plus distingués, notre honorable ancien collègue, M. Auguste de Gasparin, a présenté un rapport dans lequel il s'exprimait en ces termes : « Le bon sens national « ne s'est jamais mieux fait sentir que par le cri unanime *irriga-* « *tions*, qui est parti de tous les points du territoire du Midi et de « l'Ouest, du Centre et du Nord. Rapporteur de toutes les péti- « tions et accablé par le nombre, je me vois réduit à formuler un « vœu général qui se trouve lié aux intérêts de tous, qui réponde « à cet instinct, à cette actualité pressante d'un besoin longtemps « méconnu qui se manifeste si vivement aujourd'hui. »

Les conseils généraux ont aussi été consultés en 1842 par M. le Ministre de l'agriculture. Trente-six de ces conseils n'ont pas eu le temps d'examiner la question, et se sont abstenus de répondre. Quinze, il est vrai, dont plusieurs représentent des départements peu intéressés à l'irrigation, s'ils n'y ont un intérêt contraire, ne se sont pas montrés favorables ; mais les trente-cinq autres ont partagé l'opinion du conseil général de l'agriculture. Parmi ces derniers, on remarque le conseil général du Rhône et celui de la Seine, dont la délibération fort bien motivée est résumée en ces

termes : « Le conseil général est d'avis qu'il est d'une haute impor-
« tance d'encourager, par tous les moyens possibles, le développe-
« ment de l'irrigation ; c'est là qu'il faut chercher le remède au
« renchérissement de la viande. »

Mais la France a-t-elle une quantité d'eau superflue qu'elle
puisse consacrer au besoin de l'irrigation ? Suivant l'honorable auteur de la proposition, il faudrait ajouter 2,166,000 hectares de
prairies naturelles aux 4,198,197 hectares que nous possédons,
pour donner à la France un hectare de prairie sur 3 hectares 1/2
de terre labourable ; il ajoute que cette quantité de nouvelles prairies à créer peut être prise en partie sur les terres en culture, et
le surplus sur les 8,000,000 environs d'hectares de pâtis, landes et
bruyères que présente notre sol. Il s'attache aussi à démontrer
qu'en admettant, en moyenne, la nécessité d'un mètre cube d'eau
par seconde pour l'irrigation de 1,000 hectares de terre, on peut
aisément, surtout dans l'Est, le Centre et le Midi, où l'irrigation
est le plus nécessaire, obtenir soit des fleuves et rivières sans nuire
à la navigation et à l'industrie, soit surtout des eaux privées, naturelles ou artificielles, une quantité supérieure aux 2,166 mètres
cubes que demanderait la parfaite irrigation des 2,166,000 hectares de prairies nouvelles dont il croit la création indispensable.
Enfin, l'honorable M. d'Angeville conclut de ces détails et de ces
calculs qu'en réduisant à 100 fr., minimum admis par les meilleurs
agronomes, l'accroissement de revenu de chaque hectare converti
en prairie, la création seule des 2,166,000 hectares de prairies
nouvelles aurait pour résultat une augmentation de plus de 216
millions de revenus pour la France, sans compter celle que repré-
senterait l'inévitable amélioration des prairies anciennes.

Votre Commission ne croit pas qu'il soit possible de préciser dès
aujourd'hui avec exactitude l'étendue des nouvelles prairies dont la
France éprouve le besoin ; mais elle est toute portée à conjecturer,
avec l'honorable auteur de la proposition, que les eaux qui peuvent être dérivées sans nul inconvénient des fleuves et des rivières
qui baignent notre sol, et surtout les eaux naturelles ou artificielles
qui sont une propriété privée, telles que les eaux de sources,
d'étangs, de pluie et de neige, de puits artésiens, suffisent, et bien

au delà, à l'irrigation des 2,166,000 hectares dont il vient d'être
parlé. Non-seulement les évaluations données par M. d'Angeville à
la quantité des eaux dont on peut disposer pour l'irrigation, n'offrent
rien d'exagéré ; mais si l'on doit s'en tenir aux paroles de notre
honorable ancien collègue, M. de Gasparin, dont le nom a tant
d'autorité en cette matière, ces évaluations, ainsi que celles relatives à l'augmentation de richesse agricole qui doit résulter des irrigations, sont fort au-dessous de la réalité ; car, dans son rapport
au conseil général de l'agriculture, qui a été déjà cité, M. de Gasparin n'hésite pas à dire et à répéter que « les sources de nos mon-
« tagnes et nos fleuves majestueux roulent annuellement des mil-
« liards à la mer, et qu'une pensée et une volonté pourraient les
« fixer sur notre territoire ; » et, plus loin, que « le vœu d'une loi sur
« les irrigations est un cri de salut et de rédemption, et que cette
« loi sera le baptême agricole du pays. »

Ainsi fixée sur les avantages que la France peut obtenir du développement de l'irrigation, avantages qui pourraient être beaucoup moindres que ceux qu'on promet, et mériter encore toute la
sollicitude du Pouvoir Législatif, votre Commission, après avoir
donné son assentiment aux considérations générales qui ont inspiré
la proposition, est arrivée à l'examen de la proposition elle-même.

On n'en a pas oublié le but, la portée et les termes. Son article
unique est ainsi conçu : « Les travaux d'irrigation des propriétés
« rurales entrepris, soit collectivement, soit individuellement,
« pourront être déclarés d'utilité publique. Cette utilité sera décla-
« rée dans les formes voulues par la loi du 3 mai 1841. » Étrangère, comme on voit, aux grands travaux d'irrigation que l'État
peut entreprendre ou faire exécuter par des Compagnies dans un
intérêt public, elle a uniquement pour objet de faciliter les travaux
d'irrigation qu'un ou plusieurs propriétaires peuvent entreprendre
dans leur intérêt privé. L'honorable auteur de la proposition assi-
mile ces deux sortes d'entreprises et demande que le simple particulier soit armé, comme l'État lui-même, du droit d'exproprier,
pour cause d'utilité publique, le propriétaire des terrains intermédiaires que ses eaux doivent traverser pour arriver sur sa propriété.

Cette assimilation est-elle admissible? C'est la première question que votre Commission a dû examiner.

A n'envisager que le but qu'on se propose en facilitant les irrigations, on est d'abord disposé à penser que celles entreprises par des particuliers ne sont pas moins dignes d'encouragement que les irrigations exécutées par l'État ou déléguées par lui à des Compagnies; car elles tendent également et par un concours d'efforts individuels, qui est le gage d'une plus grande efficacité, elles tendent également à l'augmentation des prairies, et, par suite, à l'accroissement de production des matières animales qu'on a vue si indispensable, au point de vue de l'intérêt public et social, le plus plus puissant et le plus impérieux. Mais il ne faut pas oublier que c'est à l'État et à l'État seul ou aux délégataires de sa puissance que notre droit public a réservé le privilége d'expropriation pour cause d'utilité publique; votre Commission n'a pas pensé qu'une telle prérogative pût être mise à la disposition d'un simple particulier pour une opération privée, si profitable qu'elle puisse être à l'intérêt public. Quoique l'intérêt particulier doive, jusqu'à certain point, être ici considéré comme l'agent de l'intérêt général avec lequel il semble se confondre, ce serait peut-être heurter l'idée qu'on a de l'indépendance de la propriété, et courir le risque d'affaiblir le respect qui lui est dû, que d'instituer une nouvelle cause d'expropriation dont un intérêt privé serait le mobile et dont une volonté individuelle paraîtrait toujours l'arbitre, malgré l'intervention obligée de l'autorité publique. Pourquoi, d'ailleurs, une expropriation, là où il s'agit seulement d'un passage pour les eaux destinées à l'irrigation? Votre Commission a été unanime pour repousser une innovation si grave et en faveur de laquelle elle n'a trouvé aucune analogie dans nos lois anciennes et modernes.

Mais nos lois, et avec elles les législations étrangères, lui ont suggéré l'idée d'une mesure qui s'est aussi offerte à la pensée de quelques conseils généraux et de plusieurs écrivains. Elle consisterait à poser en principe que tout propriétaire qui voudrait se servir, pour l'irrigation de ses propriétés, des eaux dont il a le droit d'user, pourrait réclamer le passage de ces eaux sur les fonds intermédiaires, autres toutefois que les habitations et leurs dépendances, moyennant une juste et préalable indemnité. Ce serait la création d'une servitude légale qui offrirait quelque analogie avec la servitude de passage que l'article 682 du Code civil autorise dans le cas d'enclave.

Le principe de ce droit de passage pour les eaux destinées à l'irrigation n'est pas nouveau, du moins dans la législation européenne. Il est écrit en ces termes dans les constitutions de Catalogne : « Voulons et ordonnons que toutes les fois qu'un grand ruisseau « ou aqueduc pourra avoir un meilleur épanchoir que dans l'en- « droit par où il passe d'ordinaire, il soit permis, sans aucune con- « tradiction, de conduire cet aqueduc dans tout autre lieu, et de le « faire passer par toutes les terres qu'il conviendra, après avoir « toutefois satisfait aux dommages. » (Constitution VIII, liv. IV, tit. 4.) Ce principe, au témoignage de M. Jaubert de Passa, auteur du mémoire fort érudit qui renferme le texte qu'on vient de lire, était applicable à plus forte raison à l'établissement d'un nouveau canal, nécessairement plus favorable que le déplacement d'un canal ancien (1). On voit la même disposition dans la législation de Lombardie ; elle est l'objet des articles 51, 52, 53 et 54 du décret impérial du 2 avril 1804, qui a encore aujourd'hui force de loi dans le Milanais, et ce décret n'a fait lui-même que consacrer de vieux règlements, dont quelques-uns, chose remarquable, remontent au temps de notre ancienne domination française en Italie (2). C'est à cette législation qu'un auteur allemand, M. Burger, attribue en grande partie la prospérité agricole du royaume Lombardo-Véni- tien, dans un ouvrage récemment publié sur l'agriculture de ce fertile territoire (3). Enfin, on retrouve le même principe dans le code de Sardaigne dont l'article 622 dispose : « Toute commune,

---

(1) Mémoire de M. Jaubert de Passa, rapporté dans les Mémoires de la Société royale d'Agriculture, 1820, tome II, page 276.

(2) Le texte italien de l'art. 52 de ce décret impérial est remarquable ; il est ainsi conçu : « Ciunque intenda derivare acque private o pubbliche leggitima- « mente possedute per oggetti di agricoltura, o per attivazione di machine ed « opifici idraulici, può condurle per fundo altrui, pagando il valore del terreno « occupato dall' acquedotto, sponde, edifici ec., come ad indennizzare il pos- « sessore di qualunque danno può derivare al fundo stesso. »

(3) Traduit de l'allemand par M. Victor Rendu, inspecteur général de l'agriculture.

« tout particulier, tout corps, sont tenus de donner passage sur
« leurs fonds aux eaux que veulent conduire ceux qui ont le droit
« de la dériver des fleuves, fontaines, ou d'autres eaux pour l'irri-
« gation des terres, ou pour l'usage de quelqu'usine. Les maisons,
« aires, cours et jardins sont exceptés de la disposition du présent
« article. »

Cette disposition, aussi réclamée, comme on l'a dit, par quelques
conseils généraux, et notamment par ceux du Rhône et de la Seine,
n'en a pas moins été vivement combattue au sein de votre Commission. On lui a reproché d'introduire dans notre législation civile
une innovation à la fois grave et hardie, d'affecter la propriété d'une
servitude onéreuse qu'aucune nécessité ne justifie, et d'offrir à
peu près les mêmes dangers que la proposition première à laquelle
elle vient se substituer. L'exemple de quelques législations étrangères ne suffit pas, a-t-on dit, pour légitimer une servitude nouvelle ignorée jusqu'ici dans notre législation française, et l'analogie
qu'on prétend exister entre cette servitude et le droit de passage
autorisé par le Code civil pour le cas d'enclave n'a rien de réel.
Pour le propriétaire d'un fonds enclavé, le passage sur le terrain
d'autrui est une nécessité ; car, sans ce passage, sa propriété serait
frappée dans sa main d'une stérilité complète, puisqu'il ne pourrait
ni le cultiver ni en récolter les fruits. Il n'y a rien de semblable à
l'égard du propriétaire qui veut conduire des eaux sur un fonds
irrigable ; sa propriété, il est vrai, ne pourra acquérir le degré de
fécondité qu'elle obtiendrait de l'irrigation, mais elle n'en conserve pas moins, pour le propriétaire, sa force actuelle de production. Si le droit sacré de la propriété a dû s'abaisser devant un
besoin absolu, il ne saurait céder à une simple convenance d'intérêt privé.

D'ailleurs, a-t-on continué, il est impossible que la création de
servitude dont il s'agit n'ait pas pour effet d'augmenter, dans une
proportion considérable, le nombre des dérivations des cours d'eau
ordinaires. Il en résultera que les riverains inférieurs verront sensiblement diminuer les eaux dont la loi leur reconnaît le droit
d'user pour l'irrigation de leurs propriétés, sans parler du préjudice que ne manqueront pas d'en éprouver les propriétaires d'usi-

nes. Ce sera le plus souvent déplacer l'irrigation sans ajouter à sa puissance ; et, dans tous les cas, ce sera faire naître un grand nombre de contestations relativement à la propriété, à l'usage et au partage des eaux.

Ce n'est pas tout, a-t-on ajouté, on veut favoriser l'irrigation dans l'intérêt de l'agriculture ; mais ne pourra-t-il pas arriver que, sous ce prétexte, le propriétaire ne vienne à être grevé d'une servitude qui n'aura, dans la réalité, pour objet que de satisfaire un intérêt industriel ou domestique, peut-être même le caprice d'un riche voisin ? Qui pourra, par exemple, empêcher le propriétaire d'une usine, d'une maison de campagne ou d'un château, qui n'aura qu'une insignifiante parcelle de prairie à arroser, qui pourra l'empêcher d'abuser de cette situation pour conduire, à travers les héritages voisins, des eaux réellement destinées aux besoins de l'industrie, à l'usage de l'habitation, à l'agrément d'un jardin ou d'un parc ? La servitude qu'on voudrait établir peut donc devenir une source d'abus ; les avantages qu'on s'en promet sont exagérés : et, dans tous les cas, l'atteinte grave qu'elle porte à la propriété ne permet pas de lui accorder une place dans nos lois.

En faveur de la disposition, on a d'abord répondu que, sans attribuer aux législations étrangères une autorité qui dût exclure l'examen, ces précédents semblaient au moins prouver que la mesure proposée n'avait pas le caractère d'une de ces idées novatrices et téméraires que nulle expérience n'est encore venue justifier. Une semblable disposition ne saurait, a-t-on dit, mériter le reproche d'attenter d'une manière dommageable à la propriété, puisqu'on la voit pratiquée chez des peuples dont la législation professe un respect absolu pour les prérogatives les plus étendues de la propriété. D'ailleurs, ce ne sont pas seulement les législations étrangères qui autorisent à penser qu'une servitude légale sur le terrain d'autrui peut être justifiée par l'intérêt public qui s'attache aux irrigations ; mais cette idée, appliquée il est vrai d'une autre manière, s'était offerte à l'esprit des auteurs du projet de Code rural. L'article 61 de ce projet porte que « l'un des riverains vou-« lant jouir de l'eau a le droit d'appuyer sur la propriété du rive-« rain opposé les ouvrages d'art nécessaires à la prise de l'eau, en

« l'indemnisant, à dire d'experts, de tous les dommages qui peu-
« vent résulter de cet appui. » C'était aussi, on le voit, une servitude dont on proposait de grever la propriété d'autrui, et il y a
cela de remarquable que cette servitude, comme celle, au reste,
des codes de Sardaigne et de Lombardie, n'était pas seulement
créée dans l'intérêt de l'agriculture, mais encore dans l'intérêt de
l'industrie. Ici, au contraire, la servitude demeure étrangère aux
besoins de l'industrie ; elle n'est pas même établie d'une manière
indéfinie pour les besoins généraux de l'agriculture : elle est
expressément limitée aux passage des eaux propres à l'irrigation,
parce que là réside exclusivement l'intérêt public et social, qui
est le principe de cette nouvelle servitude.

Sans doute, il n'y a pas analogie parfaite entre le passage accordé
pour cause d'enclave et celui qui est réclamé pour la conduite des
eaux ; mais ce qu'une nécessité privée a fait admettre dans les
premiers cas, comment une grande considération d'utilité publique, d'ailleurs étroitement unie à un intérêt particulier, ne suffi-
rait-elle pas pour l'autoriser dans le second ? L'utilité générale n'est-
elle pas aussi une nécessité et la plus impérieuse de toutes ? N'est-
ce pas au nom de cet intérêt général que la loi modifie le droit
absolu de la propriété dans une foule de cas, et la grève, même
sans indemnité, de diverses servitudes, soit à raison de la proximité
des forteresses, soit pour le halage le long des fleuves et rivières,
soit pour la construction et la réparation des chemins et autres
ouvrages publics et communaux, et de tant d'autres qui dérivent
seul du voisinage des propriétés et des lois sur la police rurale ? On
parle du respect dû à la propriété ; mais c'est pour augmenter les
produits et accroître la valeur de la propriété que la servitude est
réclamée. Le service foncier qui lui est demandé n'a d'ailleurs rien
de gratuit : une juste et préalable indemnité en devient la repré-
sentation la plus complète.

On dit, il est vrai, qu'en ce qui regarde les cours d'eau ordinaires, les conditions de jouissance que le Code civil assure aux riverains seront gravement altérées par le nombre et l'abondance des
dérivations, que les riverains inférieurs seront sacrifiés aux riverains supérieurs, que les propriétaires d'usines auront aussi à souffrir, que des débats sans nombre surgiront nécessairement entre ces

intérêts divers, et qu'en définitive tout se réduira à déplacer l'irrigation sans accroître l'étendue des propriétés arrosées.

A cela plusieurs réponses :

D'abord, l'objection est étrangère aux irrigations qui peuvent se faire au moyen des eaux de source, des lacs et étangs renfermés dans des propriétés particulières, des eaux de pluie et de neige recueillies dans des réservoirs, et des eaux obtenues à l'aide de puits artésiens ; irrigations dont l'importance égale si elle ne surpasse celle des irrigations à l'aide des cours d'eau ordinaires, et suffit à elle seule pour motiver la proposition. Ces eaux, en effet, constituent une propriété privée, dont le propriétaire a le droit exclusif d'user, sans nul partage avec ses voisins supérieurs ou inférieurs, et sans aucune intervention de l'Administration supérieure à laquelle la loi a confié la police des eaux. Ici, point de propriétaires riverains ni de propriétaires d'usines dont les intérêts puissent être compromis ; par conséquent point de contestations à craindre. Il ne s'agit pas non plus d'un simple déplacement d'irrigation, mais bien de la possibilité d'utiliser des eaux qui se perdent sans utilité aucune, et de féconder des terrains sans nombre, complétement privés aujourd'hui du bienfait de l'irrigation.

Mais, relativement aux cours d'eau eux-mêmes, est-il donc vrai que la servitude de passage qui nous occupe, n'ait d'autre effet que d'amener une perturbation fâcheuse dans l'usage des eaux, sans augmenter sensiblement l'étendue des propriétés arrosées ? Le nombre des dérivations sera plus grand, et les dérivations pourront aussi devenir plus abondantes ; on veut et on doit le supposer. Mais il ne faut pas oublier trois choses, savoir : 1° Que l'administration supérieure a la police des cours d'eau, police qu'il ne faut pas, toutefois, confondre avec leur propriété ; 2° Qu'après avoir accordé, par l'article 644, au propriétaire dont un cours d'eau borde l'héritage, le droit de s'en servir pour l'irrigation de ses propriétés, et à celui dont la propriété est traversée par le cours d'eau, celui d'en user, à la charge de le rendre à son cours naturel, le Code civil ajoute, dans l'art. 645 que, s'il s'élève des contestations entre les propriétaires auxquels les eaux peuvent être utiles, les tribunaux doivent se conformer d'abord aux règlements particuliers et locaux sur le cours et l'usage des eaux, et ensuite, concilier l'intérêt de l'agriculture avec le respect dû à la propriété ; 3° Que la Commission a commencé par poser en principe, que son travail n'aurait pour objet que la servitude légale d'aqueduc, sans toucher en aucune manière à la législation existante sur la propriété l'usage et le partage des eaux entre les riverains.

Ces divers points une fois précisés, l'objection demeure à peu près sans portée. En effet, la perturbation qui pourrait être le résultat de dérivations plus nombreuses et plus abondantes, sera prévenue ou réprimée, soit par un règlement d'eau semblable à ceux qui émanent ordinairement de l'autorité administrative toutes les fois que la police d'un cours d'eau en fait sentir le besoin, soit par les tribunaux auxquels les riverains et les propriétaires d'usines peuvent toujours recourir pour faire respecter leurs droits ; et les dérivations plus nombreuses et plus abondantes qui ne préjudicieront à personne, comme cela arrivera souvent, entreront dans des canaux d'irrigation pour féconder nos prairies, au lieu d'aller se perdre inutilement à la mer. D'ailleurs, combien de terres deviendront irrigables, grâce au passage des eaux sur les fonds intermédiaires, et pourront profiter d'un cours d'eau sans intérêt pour les propriétés inférieures, impropres par la nature de leur sol, par leur niveau ou par d'autres causes, à être converties en prairies, ou que la volonté des propriétaires conserve pour la culture ! Il n'est donc pas vrai de dire que l'irrigation au moyen des cours d'eau ne sera que déplacée ; il est, au contraire, évident qu'elle augmentera dans une proportion considérable. Quant aux contestations, elles seront de même nature que celles qu'on voit s'élever chaque jour entre les riverains d'un cours d'eau. On ne croit pas que le nombre en augmente autant qu'on paraît le craindre. Mais, quoi qu'il en puisse être, il est impossible de mettre un inconvénient de ce genre en balance avec le grand intérêt auquel répond la disposition qu'on discute en ce moment. L'objection qui, au reste, comme on l'a dit, n'a trait qu'aux cours d'eau, doit donc être complétement écartée.

Reste celle qui consiste à prétendre que la servitude pourra être détournée de son but, et profiter abusivement à un intérêt d'industrie, de commodité ou d'agrément pour lequel la loi ne l'aura pas instituée. Cette objection aurait de la puissance si la servitude qu'on propose de créer constituait un droit absolu dont la volonté seule du propriétaire qui veut irriguer fût l'arbitre ; mais on a prévu et on a pris soin de prévenir l'abus qui aurait pu usurper ici la place d'un droit légitime. Dans la pensée qui a inspiré la disposition, la propriété privée ne doit céder qu'à un intérêt d'irrigation sérieux et parfaitement justifié. Il ne suffira donc pas d'alléguer une irrigation imaginaire, ou d'invoquer un simulacre d'irrigation pour obtenir du juge le droit de diriger sur la propriété voisine des eaux réellement destinées à l'exploitation d'une usine, à la commodité d'une maison de campagne, ou à l'embellissement d'un parc. Il ne suffira pas davantage à un propriétaire d'avoir un volume d'eau quelconque à sa disposition, si le niveau des terres ne permet pas l'irrigation, ou si le volume d'eau est évidemment insuffisant pour l'arrosement d'une faible parcelle ; car, encore une fois, la propriété privée ne peut être asservie que dans un intérêt général qui ne peut exister que là où l'opération est réelle et utile. Tel est le sens dans lequel la disposition a été conçue, et les tribunaux sont armés d'un pouvoir discrétionnaire propre à faire respecter la pensée de la loi. En résumé, a-t-on dit en terminant, aucune des critiques adressées à la proposition ne paraît fondée ; et cette disposition, qui se concilie parfaitement avec le respect dû à la propriété, est sollicité par un intérêt public qui en a été le mobile dans plusieurs législations étrangères, et justifie complétement son introduction dans la nôtre. •

Ces considérations ont paru décisives à votre Commission ; à la majorité de sept voix contre deux, elle a adopté le principe de la servitude légale de passage des eaux propres à l'irrigation sur les propriétés intermédiaires, autres que les habitations et leurs dépendances, moyennant une juste et préalable indemnité.

On a un moment élevé la question de savoir s'il ne conviendrait pas de fixer le minimum de l'étendue de terre qu'un propriétaire devrait être en mesure d'arroser avec l'eau dont il dispose, pour pouvoir réclamer le passage sur les fonds voisins. Cette précaution dont on trouve l'idée première dans le travail déjà cité d'un honorable magistrat de Limoges, où il est parlé d'un minimum de cinquante ares, aurait sans doute l'avantage de restreindre la servitude aux opérations réellement fructueuses dans l'intérêt de l'agriculture, et de prévenir celles qui pourraient n'être inspirées que par la légèreté ou l'esprit de tracasserie. Mais la Commission a pensé que la limite était fort difficile à poser, soit à raison de la différence de fertilité et de valeur des terres qui ne permet pas de soumettre à une règle commune les terrains en pleine campagne et ceux qui sont situés dans le voisinage des villes, soit à raison de l'insuffisance actuelle des notions pratiques sur le volume d'eau nécessaire à l'arrosement d'une mesure de terre donnée. Elle a pensé aussi qu'on pouvait se reposer avec quelque confiance sur l'intérêt privé naturellement peu disposé à une entreprise nécessairement dispendieuse, dans l'unique but de susciter à ses voisins des tracasseries contre lesquelles les tribunaux sauraient d'ailleurs les protéger.

Un membre a aussi demandé qu'une disposition fût introduite pour appliquer au passage des eaux les articles 683 et 684 du Code civil, d'après lesquels le passage, en cas d'enclave, doit être pris du côté où le trajet est le plus court et surtout dans l'endroit où il est le moins dommageable au propriétaire des fonds traversés ; on a demandé encore que le propriétaire des fonds traversés eût le droit d'indiquer le lieu du passage des eaux. Votre Commission aurait désiré pouvoir accepter ces dispositions évidemment inspirées par le désir naturel de rendre la servitude moins onéreuse à la propriété qu'elle doit grever ; mais elle a considéré qu'on ne pouvait assimiler le passage nécessaire à l'exploitation d'un héritage, et celui dont il s'agit ici qui est presque toujours donné par le niveau des eaux. Votre Commission a dû garder sur ce point une grande réserve et laisser aux tribunaux et aux gens de l'art, le soin de déterminer tout à la fois la direction, la dimension et la forme de l'aqueduc ; elle n'aurait pu, à cet égard, hasarder des règles absolues sans s'exposer au danger de compromettre le but qu'elle veut atteindre. L'honorable membre qui en avait conçu la pensée s'est rendu lui-même à ces raisons, et a été d'avis, avec la majorité, que les tribunaux seuls pouvaient ici satisfaire aux nécessités de l'entreprise et ménager en même temps, comme c'est leur devoir, les droits de la propriété.

Ce respect de la propriété a porté votre Commission à exiger que l'indemnité fût préalable et payée avant le commencement des travaux et sans la prise de possession provisoire qui n'est, au reste, autorisée que pour l'expropriation pour cause d'utilité publique par la loi du 3 mai 1841. L'indemnité doit aussi être juste, c'est-à-dire proportionnée au dommage réel qu'éprouve le propriétaire du fonds traversé par les eaux. Dans cette appréciation doit entrer non-seulement la valeur du terrain en lui-même dont il se trouve privé par le canal et ses dépendances, mais encore l'évaluation du préjudice que lui causent la confection et l'existence du canal et la séparation de sa propriété en deux ou plusieurs parties. Cette indemnité est, au reste, indépendante de celle qui peut lui être accidentellement due pour les dégradations que sa propriété peut éprouver par l'irruption des eaux qui serait le résultat de la négligence que le propriétaire des eaux aurait apportée dans l'entretien et le curage de l'aqueduc.

Telle est l'économie de l'article 1er que votre Commission a cru devoir substituer à l'article unique qui forme la proposition de l'honorable M. d'Angeville. Cet article 1er se combine d'ailleurs avec l'article 3, dont elle aura à dire un mot, après avoir fait connaître la disposition de l'article 2, sans lequel elle aurait cru ne soumettre à la Chambre qu'une proposition incomplète.

Il ne suffit pas, en effet, de régler les conditions auxquelles les eaux destinées à l'irrigation d'une propriété peuvent y être conduites à travers les fonds intermédiaires qui l'en séparent, il faut s'occuper encore des conséquences de l'irrigation pour les héritages inférieurs qui touchent aux terrains arrosés et se trouvent ainsi exposés à recevoir l'écoulement des eaux que la terre n'absorbe pas en totalité. L'article 640 du Code civil dispose que « les « fonds inférieurs sont assujettis envers ceux qui sont plus élevés « à recevoir les eaux qui en découlent naturellement et sans que la « main de l'homme y ait contribué. » C'est dire clairement que cette servitude n'existe pas pour les eaux naturelles ou artificielles, qu'un propriétaire dirige sur sa propriété au moyen d'un aqueduc ; et cela, soit que cet aqueduc traverse le fonds d'autrui, soit qu'il parcoure exclusivement l'héritage du propriétaire qui se livre à l'irrigation. Votre Commission a été unanimement frappée de la nécessité d'étendre à ces eaux la servitude établie par l'article 640;

et d'obliger le propriétaire inférieur à en recevoir l'écoulement qui, d'ailleurs, sera le plus souvent un avantage pour lui; mais, en même temps, comme il peut arriver que, dans certains cas, cette aggravation de servitude lui devienne dommageable, votre Commission a dû lui assurer la réparation du préjudice qu'il peut avoir à souffrir. C'est l'objet de l'article 2 du projet.

Le troisième et dernier article attribue à l'autorité judiciaire la connaissance de toutes les contestations qui peuvent s'élever soit sur l'établissement même de la servitude de passage, soit sur la direction, la dimension et la forme de l'aqueduc, soit sur les indemnités dues tant au propriétaire du fonds traversé, qu'à celui du fonds inférieur obligé de recevoir l'écoulement des eaux. Votre Commission a pensé que l'établissement d'une servitude et la fixation d'une indemnité étaient naturellement du ressort de l'autorité judiciaire. dont elle a cru devoir, au reste, réserver la tutelle à la propriété. Dans cette matière encore, toute nouvelle au moins pour notre pays, votre Commission a été arrêtée par la difficulté et surtout par le danger de descendre à des dispositions de détail dont aucune expérience n'a pu encore révéler la sagesse, ni même l'utilité. Obligée de faire une part au pouvoir discrétionnaire des tribunaux, elle a dû leur adresser une recommandation générale déjà consignée dans l'article 645 du Code civil, relatif au jugement des contestations entre les riverains de cours d'eau; elle a voulu que leur justice s'attachât à concilier l'intérêt de l'opération avec le respect dû à la propriété.

Ici, Messieurs, se termine un travail dont votre Commission a pris soin d'indiquer le but et de préciser les limites. Les grands canaux d'irrigation dérivés des fleuves et rivières, la distribution de leurs eaux et toutes les questions qui se rattachent à la propriété et à l'usage des cours d'eau secondaires offrent sans doute une grande importance, et votre Commission fait des vœux pour que le projet de loi qui doit régir ces intérêts ne soit pas trop longtemps différé. Mais celui qu'elle soumet aujourd'hui à votre examen n'est ni moins important, ni moins utile. On peut ajouter qu'il est d'un intérêt plus urgent, car l'État est armé du droit d'expropriation pour cause d'utilité publique, relativement aux canaux qu'il peut entreprendre, tandis que la propriété privée n'a aucun moyen d'utiliser pour l'irrigation les eaux dont elle peut disposer. Telle est cependant l'importance de ces eaux que, si elles ne dispensent pas entièrement de recourir aux grandes dérivations, elles peuvent du moins faire attendre patiemment ces vastes et dispendieux travaux dont tant de causes peuvent retarder l'entreprise. A ce titre, votre Commission ose espérer que la Chambre l'accueillera avec sa sollicitude ordinaire pour les vrais et sérieux intérêts du pays, et que, touchée de l'urgente nécessité de remédier à un mal grave et vivement senti, elle ne voudra pas subordonner l'examen à l'élaboration future d'un projet essentiellement distinct, et qui, s'il a la même nécessité, n'offre pas du moins le même degré d'urgence.

SUPPLÉMENT DE RAPPORT

*Fait à la Chambre des Députés dans sa séance du 30 Mars 1844,
au nom de la Commission (1) chargée de l'examen de la proposition relative aux Irrigations.*

PAR M. DALLOZ,

DÉPUTÉ DU JURA.

———

Messieurs,

Depuis le dépôt du rapport fait au nom de votre Commission, le
Gouvernement, dans une louable sollicitude, a mis à profit l'intervalle de nos sessions pour consulter les conseils généraux sur l'économie du projet que nous avons eu l'honneur de soumettre à vos
délibérations. Dans le même temps, un inspecteur d'agriculture a
été chargé d'aller explorer la pratique des irrigations dans ceux
des États d'Italie, dont la législation, partie essentielle de l'art agricole, est le plus perfectionnée. Enfin, au commencement de cette
session, et au moment où le rapporteur de votre Commission
demandait la reprise de la proposition, M. le Ministre du commerce
a formé, en dehors de la Chambre, une Commission spéciale
chargée d'examiner les votes émis par les conseils généraux, d'étu-

(1) Cette Commission était composée de MM. Ternaux, Barillon, Hippolyte
Passy, Lafont, Benoist, Mater, Dalloz, Bert, Proa.

9.

dier la question des irrigations et de préparer un projet de loi sur cette importante matière. C'est le résultat de ces nouvelles études que nous venons rapidement mettre sous les yeux de la Chambre, qui y trouvera, nous osons l'espérer, de nouveaux motifs d'accueillir avec quelque faveur les dispositions que nous avions d'abord présentées à sa haute sanction.

On a pu voir dans le rapport que déjà, en 1842, M. le Ministre du commerce avait interrogé les conseils généraux, et que trente-cinq de ces conseils, sur cinquante qui s'étaient occupés de la question, s'étaient montrés favorables à la proposition d'accorder un passage sur les terres voisines pour la conduite des eaux destinées à l'irrigation. En 1843, soixante-dix conseils généraux ont répondu aux questions qui leur ont été posées par M. le Ministre de l'agriculture et du commerce. Ces questions étaient celles-ci : « 1° Ne conviendrait-il pas d'accorder aux propriétaires de terrains « irrigables le droit de faire passer les eaux sur le terrain d'au-« trui? 2° Comment devrait être réglé l'exercice de ce droit, « qu'elles devraient être ses limites et comment faudrait-il garantir « les droits des tiers? » Des soixante-dix conseils généraux qui ont répondu, cinquante-huit se sont prononcés pour la concession du droit de passage des eaux sur le terrain d'autrui, moyennant indemnité, et douze seulement ont émis une opinion contraire. Quant aux seize conseils généraux qui n'ont pas répondu en 1843, il en est dix qui l'avaient fait en 1842; cinq avaient été favorables et cinq contraires. Les six autres n'ont répondu à aucune époque.

En réunissant les avis émis en 1842, à ceux qui ont été exprimés en 1843, on trouve soixante-trois conseils généraux qui réclament l'établissement du droit de passage sur le terrain d'autrui pour les eaux propres à l'irrigation, et dix-sept seulement qui s'y refusent, encore parmi ces derniers, en avons-nous compté un, celui de la Charente-Inférieure, dont l'avis est au moins douteux, si même il n'est favorable à nos propositions. Les délibérations de ces derniers conseils, qui sont pour la plupart les mêmes que ceux qui, en 1842, s'étaient déjà montrés peu favorables à l'idée première du projet, n'ont paru ajouter aucune objection nouvelle à celles que votre Commission a combattues dans son précédent rapport.

Ces objections se résument, on le sait, dans le principe assurément inviolable du respect dû à la propriété. Mais est-ce offenser ce principe que de soumettre la propriété, dans un intérêt général de richesse agricole, de défense nationale et d'hygiène publique, à une servitude légale dont on lui paie le prix et dont la propriété elle-même est appelée à recueillir les plus grands avantages? Nos lois n'offrent-elles pas divers exemples de services fonciers imposés à la propriété, même dans l'intérêt privé, lorsqu'il s'identifie comme ici avec l'intérêt public? Quand votre Commission voit non-seulement les peuples d'Italie, mais encore les états du Nord qui, grâce à une température mieux équilibrée que la nôtre, possèdent une si grande étendue de prairies, admettre, dans cet intérêt, des dispositions beaucoup plus onéreuses et plus hardies que celle qu'elle vous propose elle-même, elle ne peut croire mériter (1) le reproche d'avoir manqué au respect qui est dû à la propriété.

Il résulte, au surplus, des détails dans lesquels on vient d'entrer, que la très-grande majorité des conseils généraux, représentants naturels de la propriété, appelle de ses vœux des mesures législatives propres à faciliter des irrigations. Toutefois, le vœu de ces conseils n'est pas toujours formulé d'une manière uniforme. Si un très-grand nombre d'entre eux ont purement et simplement adopté le projet de votre Commission, il en est plusieurs qui ne l'ont admis qu'avec des additions, des changements, ou des restrictions ; il en est aussi quelques-uns qui ont donné la préférence à la proposition de l'honorable M. d'Angeville. Ainsi, par exemple, certains conseils généraux, ont demandé qu'on ajoutât au droit de passage des eaux sur le terrain d'autrui, celui d'appuyer sur l'autre rive des cours d'eau, les travaux d'art nécessaires pour élever le niveau de la rivière, à la charge d'une juste indemnité au proprié-

(1) La loi du grand duché de Hesse, promulguée en 1830, et la loi du royaume de Prusse, promulguée en 1848, admettent la servitude du passage des eaux et en outre le droit d'appui sur le fonds d'autrui. La loi de Hesse va même jusqu'à autoriser l'expropriation d'un terrain propre à faire une prairie, quand le propriétaire de ce terrain ne veut pas concourir avec ses voisins aux travaux nécessaires pour l'irrigation des terres d'un même finage. La question des irrigations est à l'étude dans le Wurtemberg et en Russie.

taire, sur le sol duquel serait exercé ce droit d'appui; quelques autres ont demandé que le propriétaire du fonds traversé eût le droit de partager les eaux, sauf à ne recevoir qu'une moindre indemnité; un autre a exprimé le vœu que le droit de faire passer les eaux sur le terrain d'autrui, ne fût accordé que pour les eaux dont on a la propriété, ou pour celles dérivées des fleuves et des rivières navigables, mais ne s'étendît pas aux rivières qui ne sont ni navigables ni flottables; d'autres encore ont demandé que le droit de passage ne pût être réclamé que pour l'irrigation d'un hectare au moins de terre, Il est un conseil qui a demandé qu'un privilége fût établi sur les fonds irrigués pour le payement de l'indemnité due aux fonds traversés par les eaux; et un autre, que somme suffisante pour le payement de cette indemnité et des frais fût consignée d'avance, au moment même où la demande du passage serait formée. Enfin, quelques conseils, tout en adoptant le projet de votre Commission, ont émis le vœu qu'il pût trouver place dans une loi générale sur les irrigations; et quelques autres, au nombre de neuf, se sont prononcés en faveur de la proposition primitive de l'honorable M. d'Angeville qui, pourtant, s'est complétement rallié lui-même au système de votre Commission. Mais, on le répète, sauf ces diverses modifications qu'on trouve isolées dans un certain nombre de délibérations, il reste que soixante-trois conseils généraux ont adhéré au principe du projet de votre Commission, et que seize ou dix-sept seulement ont émis une opinion contraire.

Tandis que les conseils généraux délibéraient sur le projet de votre Commission, distribué par les soins de M. le Ministre de l'agriculture et du commerce à chacun des membres de ces conseils, un inspecteur d'agriculture se rendait, comme on l'a dit, en Italie pour y étudier la pratique des irrigations. Cette mission a été remplie avec autant de lumière que de zèle par M. de Mornay, qui a particulièrement visité la Lombardie et le Piémont, c'est-à-dire les deux états d'Italie où les irrigations sont les plus florissantes et dont la législation avait été invoquée dans le rapport de votre Commission. Quel a été le résultat de ces explorations? De démontrer à M. de Mornay l'utilité et la facilité d'introduire en France des dispositions dont il a pu apprécier les heureux effets en pays étranger. C'est ce qui résulte du rapport de cet agent, que M. le Ministre a bien voulu mettre sous les yeux de votre Commission, rapport qui se termine par l'adoption textuelle des trois articles dont le projet de votre Commission se compose, sauf quelques dispositions additionnelles auxquelles M. de Mornay a lui-même renoncé dans le sein de la Commission spéciale, instituée par M. le Ministre de l'agriculture, dont il était membre. Parmi ces dispositions additionnelles se trouvait le droit d'appui déjà réclamé, comme on l'a vu, par quelques conseils généraux.

La Commission spéciale, instituée le 15 janvier dernier par M. le Ministre de l'agriculture et du commerce, était composée de membres des deux Chambres, dont quatre anciens ministres, de fonctionnaires publics et d'agronomes, connus pour avoir fait une étude particulière de la question des irrigations (1). Le procès-verbal de ses délibérations n'ayant pas été imprimé, il est nécessaire d'en mettre une courte analyse sous les yeux de la Chambre.

Le premier soin de cette Commission a été d'examiner attentivement les votes des conseils généraux que nous avons fait connaître et d'entendre l'exposé que M. de Mornay, inspecteur de l'agriculture et l'un de ses membres, lui a présenté de ses communications à M. le Ministre de l'agriculture, en exécution de la mission qui lui avait été confiée, communications entièrement favorables à nos propositions, comme on l'a vu il n'y a qu'un moment.

Cette Commission, dont la tâche n'avait point été circonscrite par le Ministre qui avait, au contraire, ouvert libre carrière à ses investigations, s'est posé, dès le début, la question de savoir si elle se renfermerait dans les limites du projet présenté par votre Commission, ou si, au contraire, elle embrasserait dans leur ensemble toutes les questions qui se rattachent aux irrigations et particulièrement celles qui touchent au régime et à la propriété des cours d'eau secondaires. Après une discussion étendue, et à laquelle deux

(1) Voici les noms de MM. les membres de cette Commission : M. le comte de Gasparin, pair de France, président; MM. le comte d'Argout, Passy, Teste, pairs de France, le comte d'Angeville, de Tracy, Dalloz, députés, le comte d'Esterno, le vicomte Héricart de Thury, Nadault de Buffon, Dittmer, de Mornay et de Lagarde, secrétaire.

séances ont été consacrées, la Commission spéciale a été d'avis, à l'unanimité, qu'on devait s'abstenir de toucher à la législation existante sur le régime et la propriété des eaux ; elle a pensé qu'il fallait se renfermer étroitement dans l'examen du projet de votre Commission, dont l'unique but est de créer une servitude légale de passage, pour les eaux propres à l'irrigation, dont on a le droit de disposer à un titre quelconque soit comme propriétaire, soit comme riverain usager, soit en qualité de concessionnaire.

Un membre cependant tout en adhérant à cette résolution, a exprimé la crainte que les dérivations particulières qui seraient faites en vertu de la nouvelle loi aux cours d'eaux non navigables, n'aient plus tard pour effet de contrarier l'exécution des grands canaux qu'il désirerait voir entreprendre, au moyen d'associations volontaires ou de syndicats forcés dont le principe pourrait être posé dans nos lois. Mais on a répondu que cette appréhension demeurait étrangère aux eaux de sources, de pluie, de neige et autres susceptibles de propriété privée ; qu'elle l'était même aux eaux dérivées, en vertu de concessions, des fleuves et rivières navigables ou flottables, car ces concessions sont toujours subordonnées à une appréciation convenable de l'importance des irrigations ; que, quant aux cours d'eaux non navigables, on devait peu se préoccuper du danger de l'épuisement des eaux, parce que ces eaux, une fois épuisées par les irrigations particulières et par les besoins des usines, le but d'amélioration agricole qu'on se propose serait atteint, et qu'il n'y avait aucune nécessité de les faire entrer dans un système général qui, au reste, serait toujours praticable, si l'on jugeait qu'il offrît une plus grande somme d'utilité. On peut ajouter que ce système d'irrigations en grand, au moyen d'associations volontaires et surtout à l'aide de syndicats forcés, est de nature à rencontrer chez nous des obstacles de plus d'un genre, et qu'en attendre la réalisation, ce serait ajourner pour longtemps encore en France, le bienfait d'une législation favorable aux irrigations. Au reste, il ne faut pas croire que le projet de votre Commission n'embrasse que la plus faible partie du sujet ; nous avons dit, dans le rapport, et nous persistons à penser que les irrigations les plus nombreuses et les plus importantes en résultat sont celles qui peuvent se faire à l'aide des eaux de sources, des eaux de neiges et de pluies et des cours d'eaux ordinaires. Cette opinion est celle aussi d'un grand nombre d'agronomes, et particulièrement celle de l'honorable M. Puvis, ancien député, auteur d'un récent écrit plein d'intérêt sur la matière qui nous occupe. Après tout, on creuserait en vain de dispendieux canaux d'irrigation, ce que le Gouvernement peut toujours faire à l'aide des lois sur l'expropriation pour cause d'utilité publique, si les possesseurs de terrains susceptibles d'être arrosés n'obtenaient de la législation le droit d'amener sur leurs terres irrigables les eaux qu'ils iraient puiser dans ces grandes artères.

Après avoir décidé en principe qu'elle se renfermerait dans les limites du projet de votre Commission, la Commission spéciale est entrée dans l'examen des trois articles dont ce projet se compose. Chacun de ces articles à donné lieu à une discussion étendue et approfondie.

Dans le cours de cette discussion, dont on ne mettra pas les détails sous les yeux de la Chambre, les diverses modifications et additions proposées par certains conseils généraux ont été appréciées ; ces propositions isolées, qui ont été rappelées plus haut, ont été écartées, les unes comme implicitement comprises dans le projet de votre Commission, et les autres comme inadmissibles dans la pratique. Mais deux questions graves se sont élevées. La première a été celle de savoir si l'on reconnaîtrait aux propriétaires, immédiatement riverains d'un cours d'eau, le droit de céder à un propriétaire non riverain le droit qu'il a de prendre des eaux pour l'irrigation de ses propriétés. La Commission a pensé que c'était là une question étrangère au droit de passage des eaux, et qui trouverait naturellement sa solution dans les principes du droit commun ; qu'au surplus, le propriétaire riverain qui consentirait à céder son droit de prise d'eau à son voisin, pourrait consentir aussi à lui vendre une portion de terre riveraine suffisante pour exercer la prise d'eau.

La seconde question a été relative au droit d'appui dont on a eu déjà l'occasion de parler. Ce droit d'appui qu'ont spontanément demandé plusieurs conseils généraux, quelques membres de la Commission spéciale l'ont vivement réclamé comme un corollaire indispensable du projet, et telle est aussi l'opinion d'un savant jurisconsulte italien , M. Giovanetti de Novarre , qui a profondément étudié la matière des irrigations, et de M. Puvis, dans l'écrit déjà cité. Quoique cette disposition ne soit pas nouvelle, puisqu'on la trouve dans l'article 64 du projet de code rural, et quoique son utilité ait paru d'une évidence incontestable à la majorité de la Commission spéciale, elle n'a pas osé proposer l'établissement de cette seconde servitude légale, sur laquelle les conseils généraux n'ont pas été consultés, et qui nécessiterait l'intervention de l'autorité administrative. Toutefois, elle n'a cédé qu'à la crainte de compromettre la disposition principale du projet.

Ces questions vidées , les trois articles du projet de votre Commission ont été successivement discutés et adoptés à l'unanimité, avec les légères modifications que nous allons faire connaître.

Le premier article n'en a amené aucune, et sa rédaction a été textuellement maintenue. L'article 2 a seulement donné lieu à la substitution du pluriel au singulier dans ces mots : « Le proprié- « taire du fonds inférieur devra recevoir les eaux , etc. » — En adoptant l'article 3, la Commission spéciale a exprimé le désir que le mot aqueduc fût remplacé par l'expression *conduite d'eau*, qui lui a paru plus générale et plus simple que le mot aqueduc, plus ordinairement employé pour désigner des travaux d'art ou de maçonnerie qui ne seront pas toujours nécessaires , car de simples fossés ou rigoles suffiront pour le passage des eaux dans un grand nombre de cas. Enfin la Commission spéciale a pensé qu'il pourrait être sage d'ajouter au projet une disposition qui exprimât une idée, d'ailleurs énoncée dans le rapport de votre Commission, à savoir qu'on n'entendait, ni directement ni indirectement, déroger aux lois qui réservent à l'autorité administrative la police des eaux (1).

---

(1) Voici, au reste, le résumé qui termine le procès-verbal des délibérations de la Commission spéciale, instituée par M. le Ministre de l'agriculture :

« Le premier point que la Commission spéciale a eu à résoudre était « celui-ci :

« La Commission doit-elle embrasser la question des irrigations dans son « ensemble ou doit-elle se renfermer dans les limites du système qui a été « proposé à la Chambre des Députés, et qui consiste à créer, en faveur de « l'irrigation, *un droit de passage forcé sur les fonds d'autrui ?*

« Dans ce dernier cas, adoptera-t-on le système de l'expropriation forcée,

Votre Commission a examiné ces modifications ; elle a d'autant moins hésité à les admettre, que toutes lui ont paru rentrer dans ses propres vues et dans le véritable sens des dispositions qu'elle avait formulées.

Ainsi, dans la pensée de votre Commission, l'obligation de recevoir les eaux de colature, c'est-à-dire les eaux qui ont servi à l'irrigation, ne s'arrête pas au propriétaire du terrain immédiatement contigu ; elle s'étend, lorsqu'il y a nécessité, aux propriétaires des fonds inférieurs subséquents, sauf l'indemnité qui pourra leur être due pour le dommage causé par l'écoulement de ces eaux, qui le plus souvent leur seront plus profitables que nuisibles. Dès lors, la substitution du pluriel au singulier pour les mots *propriétaire inférieur*, employés dans la rédaction de l'article 2, ne pouvait être susceptible d'aucune difficulté, et votre Commission vous propose de l'adopter.

Il en est de même du remplacement du mot *aqueduc*, dans l'article 3, par le terme *conduite d'eau*. Quoique le mot *aqueduc*, dérivé du latin *aquæ ductus*, soit le synonyme de l'expression française *conduite d'eau* et s'applique également à toute espèce de

« proposée par M. le comte d'Angeville, auteur de la proposition ou celui
« d'un simple droit de servitude, tel qu'il est formulé par M. Dalloz dans son
« rapport à la Chambre des Députés ?

« Quant au premier point, la Commission a pensé qu'on ne pourrait faire
« une loi générale sur les irrigations, sans soulever immédiatement la question
« de propriété des cours d'eau non navigables ni flottables, question ardue,
« qui divise les meilleurs esprits. Tout en reconnaissant donc qu'une loi
« d'ensemble sur les irrigations est un des besoins les plus impérieux de
« l'agriculture, la Commission, craignant un long ajournement si l'on veut
« faire une loi de ce genre, a préféré borner son travail au côté pratique et
« actuellement acceptable de la proposition.

« En conséquence, elle a décidé que ses travaux porteraient spécialement
« sur le meilleur moyen d'établir, en faveur de l'irrigation, *un droit de passage*
« *forcé sur les propriétés d'autrui*.

« La Commission a aussi décidé que le système d'expropriation forcée,
« proposé par M. le comte d'Angeville, serait écarté, et qu'on discuterait
« celui que M. Dalloz a développé dans son rapport à la Chambre des Députés,
« lequel consiste à ne grever la propriété que d'une simple *servitude* en faveur
« des irrigations.

« Ce dernier système ayant été pris pour base des travaux de la Commission
« spéciale, les trois articles dont il se compose ont été ainsi successivement

travail ayant pour but d'amener les eaux d'un lieu à un autre, votre Commission vous propose de préférer cette dernière expression qui, dans le langage usuel, rend plus exactement peut-être l'idée de la servitude qu'il s'agit d'établir, et qui, dans un grand nombre de cas, ne demandera pas les constructions souterraines que désigne plus particulièrement le mot *aqueduc.*

Quant à l'article additionnel, proposé par la Commission spéciale pour réserver les droits de l'Administration relativement à la police des eaux, cette disposition peut être regardée comme surabondante, puisque aucun des trois articles du projet ne déroge à ces droits que votre Commission a expressément réservés dans deux passages de son rapport. Néanmoins elle ne voit aucun inconvénient à formuler cette réserve dans la loi elle-même, par l'adoption de l'article additionnel proposé par la Commission spéciale et qui deviendra le quatrième du projet.

Avant de finir, votre Commission doit rendre compte à la Chambre de la proposition, faite par l'un de ses membres, d'admettre, conformément au vœu de quelques conseils généraux, les propriétaires des fonds traversés au partage des eaux, lorsqu'elles

« examinés et les diverses questions de détail qu'ils peuvent soulever ont été
« débattues.

« Quelques membres désiraient qu'on introduisît dans la loi projetée le droit
« d'appui et de barrage ; la commission reconnaissait généralement que cette
« disposition serait d'un avantage réel ; mais, craignant qu'elle ne compromît
« le sort de la loi tout entière, et considérant d'ailleurs que les départements
« n'avaient pas été appelés à donner leur avis sur ce point spécial, elle a
« préféré s'abstenir d'en faire mention.

« Les modifications que les trois articles du rapport de M. Dalloz ont subi
« dans la discussion n'ayant amené, en définitive, aucun changement de fond,
« et l'article additionnel, que l'on a jugé convenable d'insérer dans la loi sous
« le n° 4, n'étant que la conséquence des explications données dans ce rapport,
« il en résulte que le projet de loi de la Commission de la Chambre des dé-
« putés et celui de la Commission spéciale sont pour ainsi dire identiques.

« En terminant ses travaux, la Commission croit devoir émettre l'avis que,
« dans l'intérêt de l'agriculture, M. le Ministre soit invité à hâter, autant
« qu'il dépendra de lui, la reprise de la proposition de M. le comte d'Ange-
« ville, telle qu'elle est modifiée par le rapport de M. Dalloz.

« L'article additionnel, proposé par la Commission, étant une conséquence
« des termes mêmes de ce rapport, pourrait être introduit dans la loi par voie
« d'amendement. »

excéderaient les besoins de celui qui en a réclamé le passage, sauf à compenser cet avantage jusqu'à due concurrence avec l'indemnité qu'il aurait à payer. Ce vœu, déjà émis par trois conseils généraux, ceux de la Corrèze, du Lot, de la Lozère, repose, sans doute, sur une idée de réciprocité qui frappe au premier aperçu ; en effet, quoique les dispositions de l'article 644 du Code civil n'aient rien évidemment d'applicable aux eaux artificiellement dérivées par un propriétaire à travers l'héritage voisin pour l'irrigation de ses propriétés , on ne peut méconnaître la faveur qui s'attache au propriétaire traversé, lorsqu'il réclame lui-même moyennant indemnité , l'excédant des eaux qu'on fait couler dans un canal qui vient sillonner sa propriété. Cependant votre Commission n'a pas pensé qu'une semblable disposition pût être admise. Il lui a paru d'abord qu'elle ne pourrait trouver d'application que dans des cas assez rares , car il est naturel de présumer qu'un propriétaire ne dérive que le volume d'eau à peu près nécessaire pour l'arrosement de ses terres. Elle a été arrêtée ensuite par la difficulté de créer une sorte de communauté obligée entre le possesseur des eaux dérivées et ceux dont les héritages pourraient être traversés par les eaux. Votre Commission a surtout été frappée des contestations sans cesse renaissantes, auxquelles ne pourraient manquer de donner lieu, soit la question du volume et de l'excédant des eaux, soit l'appréciation de leur valeur, soit surtout l'exercice d'un droit de partage qui aurait son principe dans la loi, au lieu d'être abandonné aux libres conventions des parties, conventions qui interviendront ordinairement, quand elles seront possibles, parce qu'elles sont dans l'intérêt commun du possesseur des eaux et des propriétaires dont elles traversent le fonds. Votre Commission a donc repoussé cette proposition nouvelle et maintenu son projet primitif.

En dernière analyse, l'immense majorité des conseils généraux appelle de ses vœux une loi propre à faciliter les irrigations et adopte le principe que vous a proposé votre Commission ; un grand nombre d'entre eux acceptent textuellement les articles qui forment l'économie de son projet dont l'idée principale a été empruntée aux lois des pays où les irrigations sont le plus perfectionnées et le plus prospères. Quant aux modifications de détail demandées par quelques conseil généraux, la Commission spéciale instituée par M. le Ministre de l'agriculture et du commerce qui les a aussi examinées, a reconnu que plusieurs d'entr'elles rentraient dans les dispositions même du projet, et que les autres n'étaient pas acceptables ; cette Commission, unanime dans son adhésion, n'a proposé que les légers changements dont nous avons rendu compte, et qui n'altèrent ni le fond, ni même la forme essentielle du projet. Enfin, ce projet a obtenu le suffrage d'une réunion qui, sans avoir aucun caractère officiel, peut être néanmoins regardée comme une autorité en cette matière par le concours qu'elle a offert des principales notabilités agricoles du pays (1). Votre Commission ne peut donc qu'y persister ; et, comme elle l'annonçait, en commençant, elle croit pouvoir trouver, dans les faits qui se sont accomplis depuis la dernière session, de nouvelles et puissantes raisons d'espérer que son travail ne paraîtra pas indigne de l'assentiment de la Chambre.

(1) Le congrès agricole récemment tenu à Paris sous la présidence de M. le duc Decazes.

RAPPORT

Présenté à la Chambre des Pairs, dans sa séance du 26 mars 1845, au nom d'une Commission spéciale (1) chargée de l'examen du Projet de loi relatif aux Irrigations,

PAR M. PASSY.

Messieurs,

L'usage des irrigations date des temps les plus reculés. C'est au sein de régions torrides que la civilisation commença à fleurir, et à peine y eut-elle pris quelques développements, que les travaux d'arrosage, d'une grandeur merveilleuse, vinrent y assurer la fécondité des cultures.

Sous le ciel moins ardent de l'Europe, l'art n'eut pas à réaliser de si vastes conceptions. On n'y vit ni les lacs immenses, ni les innombrables canaux qui fertilisaient le sol de l'Égypte et des vieux empires de l'Asie; mais les eaux y furent utilisées dans la mesure commandée par l'état des températures, et les contrées les plus méridionales se couvrirent d'ouvrages qui les firent refluer dans les campagnes.

Le monde romain s'écroula sans entraîner dans sa ruine les vieilles traditions rurales. L'Italie continua à demander aux nom-

(1) Cette Commission était composée de MM. le comte de La Pinsonnière, le baron de Fréville, le comte de Montalembert, Passy, le comte de Gasparin, le marquis de Pange, le comte d'Argout.

breux cours d'eau qui la baignent leur tribut accoutumé, et les lois qui, à partir du douzième siècle, vinrent y régler les systèmes de dérivation et d'arrosage, ne firent que sanctionner des coutumes dès longtemps établies et respectées.

L'Espagne, non plus, ne cessa pas d'emprunter aux eaux une assistance dont une partie de ses champs ne pouvait se passer. Loin de là, des maîtres originaires de contrées brûlantes lui apportèrent tous les secrets de la science nabathéienne, et sous la domination arabe se perfectionnèrent et s'étendirent rapidement les méthodes d'irrigation qui ont fait du royaume de Valence et de la Basse-Catalogne le siége de cultures admirables de puissance et de richesse.

Les exemples de l'Italie et de l'Espagne ne furent imités que sur quelques points du midi de la France. Dans le reste de l'Europe, la nature dispense la chaleur et l'humidité dans des proportions dont put se contenter longtemps le travail agricole, et c'est de nos jours seulement qu'elles ont cessé de suffire à toutes ses exigences.

C'est là un résultat des progrès mêmes de l'ordre social. A mesure que les populations ont crû en nombre et en aisance, il a fallu demander davantage au sol, et le moment est arrivé où des moyens de production, auparavant négligés, sont devenus d'un usage indispensable. Aujourd'hui, tout, dans les parties les plus avancées de l'Europe, appelle impérieusement la multiplication des animaux. Ce n'est pas seulement parce qu'ils ont acquis plus de valeur vénale, c'est surtout parce qu'ils fournissent des engrais dont l'abondance détermine la richesse des récoltes, et que, si la quantité n'en augmentait, il serait impossible d'élever le produit des terres arables au niveau des besoins croissants de la consommation. De là, l'importance qui s'est attachée à toutes les cultures fourragères; de là, d'une part, l'extension constante des prairies artificielles, et de l'autre, les efforts faits pour agrandir et amender les prés naturels; de là, enfin, la nécessité d'user plus largement du secours de l'irrigation.

Ce qui prouve combien cette nécessité est maintenant distincte, dans beaucoup de pays, qui jusqu'ici semblent l'avoir ignorée ou méconnue, c'est l'ardeur avec laquelle y ont été recherchés tout d'un coup les moyens d'y satisfaire. En Allemagne, en Angleterre, en France, des eaux longtemps dédaignées sont recueillies à grands frais, et les cultivateurs les plus intelligents ne reculent devant aucun des sacrifices qui peuvent leur en permettre l'usage. Dans le nord de l'Europe où les moissons, mûries aux ardeurs d'un soleil qui, durant les jours de l'été, disparaît à peine un moment de l'horizon, manquent toutes les fois que des pluies fréquentes ne viennent pas rafraîchir l'atmosphère, l'irrigation a pris plus d'extension encore. Les laboureurs de la Suède et de la Norwége ne se bornent pas à arroser leurs prairies ; beaucoup de terres en labour reçoivent les mêmes soins et les paient par des fruits plus abondants et mieux assurés.

Jamais ne survient une de ces époques où la multiplication des demandes de la consommation nécessite de nouvelles et plus puissantes applications des forces productives dont les sociétés disposent, sans que la puissance publique ne soit tenue d'en seconder l'usage. Depuis quinze ans, des gouvernements qui n'avaient pas eu à s'occuper des questions soulevées par l'irrigation, ont été appelés à intervenir, et presque tous se sont hâtés de mettre l'agriculture en possession de ressources dont l'absence, en mettant des bornes à son essor, eût fini par ralentir et par suspendre le cours des prospérités sociales.

Ainsi, tandis que l'Italie et la Sardaigne s'attachaient à perfectionner le régime sous lequel l'emploi des eaux vivifie leurs cultures, les gouvernements de l'Allemagne, si soucieux des intérêts de la production territoriale, si attentifs à écarter tous les obstacles qui peuvent en contrarier le développement, travaillaient à doter l'agriculture des facilités d'irrigation dont elle éprouvait le besoin. Dès l'année 1830, le grand-duché de Hesse promulguait une loi destinée à favoriser l'arrosement des prairies ; treize ans plus tard, la Prusse en faisait autant ; et, à la même époque, les États du Wurtemberg discutaient une proposition de loi conçue dans le même but.

En Angleterre, aussi, les circonstances rurales avaient éveillé l'attention sur l'utilité des eaux. Un bill soumis au Parlement le 15 mars 1843, et qui n'avait en vue que les desséchements, s'y transforma en loi sur les irrigations. De nombreux amendements le complétèrent, et l'agriculture obtint une liberté d'action dont elle avait manqué, et qui chaque jour lui devenait plus nécessaire.

Il était impossible que les circonstances auxquelles obéissent tant d'autres États ne se produisissent pas en France, où l'industrie agricole avait aussi à subvenir à la subsistance d'une population rapidement croissante. Des causes spéciales devaient même en fortifier l'empire. Moins arrosée que l'Angleterre et le midi de l'Allemagne, la France, eu égard à sa superficie totale, ne compte pas autant de prés et de pâtures. D'un autre côté, les trois quarts de son territoire sont sujets à des sécheresses estivales qui les privent parfois d'un partie de leur récolte herbagère; et de là, pour l'élève et l'entretien du bétail, les difficultés qui lui sont propres, et qui ont accru, dans son sein, l'urgence de suppléer, à l'aide des ressources de l'art, à l'insuffisance de celles qu'elle doit à la nature.

Malheureusement, les lois qui la régissent n'avaient pu prévoir des besoins nés de progrès qui ne s'annonçaient pas encore à l'époque de leur promulgation. En maintenant dans toute leur vigueur, les règlements particuliers et locaux sur le cours et l'usage des eaux, les lois avaient laissé subsister de beaux et féconds systèmes d'irrigation au pied des Pyrénées , sur le littoral de la Méditerranée et dans quelques autres parties du territoire; mais là où il n'en existait pas avant la chute de l'ancien régime, tout était obstacle à de pareilles créations ; et rarement avait-on vu les entreprises les mieux dirigées obtenir le succès que méritait leur utilité.

Une situation si préjudiciable à des intérêts d'un ordre élevé ne pouvait durer sans susciter de vives et justes réclamations. D'année en année, ces réclamations arrivaient plus nombreuses, et en 1842 M. le Ministre de l'agriculture et du commerce chercha à leur préparer la satisfaction qui leur était due. Grâce à ses soins empressés, les conseils généraux des départements furent invités à s'occuper de la question des irrigations, et consultés sur la convenance d'accorder aux propriétaires des terrains irrigables la faculté de faire passer sur le fonds d'autrui les eaux dont ils pourraient disposer. Sur cinquante conseils généraux dont les réponses arrivèrent alors au Ministre, trente-cinq adhérèrent pleinement à l'avis qui leur était soumis; quinze, au contraire, lui refusèrent leur assentiment. Tel était l'état des choses, lorsqu'à la fin du mois de mai 1843, la Chambre des Députés fut saisie par un de ses membres d'une proposition relative à l'irrigation. M. le comte d'Angeville, agriculteur distingué, savait quels avantages la France peut retirer d'eaux qu'elle laisse perdre sans les utiliser. Des travaux d'arrosage d'une hardiesse ingénieuse lui avaient permis de transformer en riches pâtures des terrains jusque-là à demi stériles ; mais ce n'avait été qu'à force de temps, de patience et de sacrifices qu'il était venu à bout d'achever son œuvre ; et ce fut dans la pensée qui l'honore d'aplanir pour d'autres la voie où il n'avait marché qu'à travers des obstacles sans nombre, qu'il conçut et déposa sa proposition.

Vous savez, messieurs, quel accueil a obtenu cette proposition. Une commission eut à l'examiner, et, tout en lui donnant la plus ferme approbation, elle crut cependant devoir en modifier les termes. Au bénéfice de la déclaration d'utilité publique invoquée en faveur des travaux individuels ou collectifs d'irrigation, elle substitua le bénéfice plus restreint du droit de conduite des eaux à leur destination, à travers les fonds intermédiaires, et un rapport d'une rédaction savante et lucide rendit compte des motifs de sa détermination.

La session, au moment où le rapport fut distribué, était trop avancée pour en permettre la discussion. M. le Ministre de l'agriculture et du commerce mit à profit le temps qui lui restait pour solliciter de nouveau le concours des conseils généraux. Cette fois, soixante-dix délibérèrent avec fruit, et comme, parmi les seize conseils qui s'abstinrent, dix avaient énoncé leur opinion l'année précédente, c'est soixante-trois avis favorables et dix-sept avis contraires qu'il faut compter à la proposition et encore les avis contraires vinrent-ils presque tous de départements auxquels l'humidité de leur climat ou le voisinage de la mer rend l'irrigation à peu près superflue.

Vers la même époque fut instituée une commission spéciale chargée d'examiner et de débattre toutes les questions que peut soulever l'irrigation. Nulle limite n'était imposée à ses investigations ; elle était pleinement libre d'aller, dans ses conclusions, aussi loin que l'intérêt du pays lui paraîtrait le demander; et ce fut au système adopté par la commission de la Chambre des Députés qu'elle finit par donner la préférence. Le désir de concilier toutes les convenances du moment la détermina dans son choix, et tout atteste qu'elle fut sage et prévoyante.

Aujourd'hui , Messieurs, c'est forte de l'épreuve d'un débat solennel que la proposition de M. le comte d'Angeville vous arrive. La sanction qu'elle a reçue de la Chambre des Députés, l'a convertie en projet de loi, et c'est à ce titre que vous avez confié à une commission le soin de l'examiner.

L'économie de ce projet, Messieurs, est simple. Ce qu'il veut, c'est que les propriétaires de terrains irrigables puissent y conduire les eaux dont ils ont la possession, à la charge par eux d'indemniser préalablement les maîtres des terrains sur lesquels ces eaux obtiendront passage. Pareille faculté est accordée, aux mêmes conditions, aux propriétaires des terrains submergés, pour l'écoulement des eaux nuisibles. C'est là, au fond, tout le projet de loi. Pour en apprécier nettement le caractère et la portée, il faut se rendre un juste compte des principes qui, parmi nous, régissent la propriété et l'usage des eaux.

Les eaux en France constituent, suivant leur nature, des propriétés d'espèces diverses. Au domaine public appartiennent les fleuves et les rivières navigables et flottables, et l'État seul a le pouvoir d'en disposer. Viennent ensuite les cours d'eau trop faibles pour servir au flottage ou à la navigation. Sur ceux-ci, l'État ne s'est réservé que des droits généraux de police. Les riverains en ont la possession collective ; tous sont libres de s'en servir pour l'irrigation des propriétés contiguës, et ceux qui possèdent les deux rives ne rencontrent, dans l'usage qu'ils en font, d'autre limite que l'obligation de les rendre, à la sortie de leurs domaines, à leur lit naturel. Quant aux étangs, aux lacs et aux sources, ce sont de véritables propriétés privées. Seulement le maître du fonds où naît une source est tenu de respecter les droits que, par titre ou par prescription, pourrait avoir acquis le propriétaire du terrain inférieur, et, dans le cas où la source pourvoirait aux besoins de lieux habités, il lui est interdit d'en changer le cours, mais sous bénéfice du droit d'obtenir des indemnités réglées à dire d'experts, quand les habitants n'en ont pas acquis ou prescrit l'usage.

Tel est le régime, qui s'applique à la propriété des eaux (1). Autant de sortes d'eaux, autant de règles distinctes, autant de droits divers d'origine et d'étendue : voyons maintenant quel degré de latitude ce régime laisse à l'usage des eaux dans l'intérêt des cultures. S'agit-il d'irriguer des champs contigus à des fleuves ou à des rivières navigables et flottables ; ces fleuves et rivières appartiennent à l'État, et, dès lors, c'est à lui qu'il faut s'adresser pour en obtenir des dérivations dont il mesure le volume, et dont la concession demeure révocable à son gré. Pareille permission n'est pas nécessaire pour l'arrosement des fonds attenant aux simples ruisseaux. Tout riverain peut user des eaux qu'ils contiennent ; mais, comme nul ne doit absorber ou appauvrir à son profit exclusif une propriété commune, l'administration supérieure, tutrice légale des biens et des intérêts collectifs, garde avec la police de ces eaux le droit de déterminer la manière de s'en servir et d'imposer des règlements particuliers et locaux, dont les tribunaux, en cas de contestation entre les usagers, sont tenus de maintenir l'observation. Pour les irrigations opérées à l'aide des étangs et des sources, le propriétaire, à moins que ses opérations ne soient dommageables à ses voisins, est complétement libre. Les eaux qu'il emploie sont à lui, et personne n'a droit de lui en disputer l'usage.

Maintenant, ce qu'il importe de remarquer, c'est combien sous ce régime, en apparence si libéral envers les particuliers, sont restreintes, en réalité, les facilités accordées à l'emploi des eaux au profit de la culture. Il n'y a que les terrains bordés par les eaux qui puissent en utiliser les propriétés fécondantes ; si les riverains peuvent, à certaines conditions, les y faire refluer, là s'arrête leur pouvoir : il leur est interdit d'en conduire ailleurs le moindre superflu. Bien plus : des décisions judiciaires, conformes à l'avis de jurisconsultes éminents, ont établi que, réservé aux seuls champs qui se trouvaient en contact immédiat avec les cours d'eau au moment où parut le Code civil, le droit à l'arrosement n'avait pu s'é-

(1) Voir les art. 538, 641, 642, 643, 644 et 645 du Code civil.

tendre à aucune des annexes qui depuis y ont été rattachées et les ont agrandies.

Ainsi confinée aux limites étroites des portions de terre que touchent immédiatement les eaux, l'irrigation n'a pu recevoir en France des développements en harmonie avec les exigences de l'époque. Vainement les difficultés attachées à la production du bétail pesaient-elles de plus en plus sur l'agriculture ; vainement la rareté des engrais ne permettait-elle pas d'obtenir des terres arables tout ce qu'elles devraient donner : devant des obstacles presque toujours insurmontables échouaient les efforts destinés à étendre et à fertiliser le sol des prairies, et nul doute que si les grands travaux d'arrosage, conservés sur quelques points de notre territoire, n'eussent été terminés sous l'empire de lois anciennes et maintenant abolies, jamais ils ne seraient venus répandre la vie et la prospérité dans les lieux qui ont continué à en recueillir le bienfait.

C'est au mal résultant de l'insuffisance de nos lois en matière d'irrigation, à ce mal sous le poids duquel, s'il devait subsister, finirait par s'arrêter notre mouvement agricole, que le projet de loi a pour but de remédier. Autoriser les propriétaires de terrains irrigables à y faire arriver des eaux qui en accroîtraient la fécondité ; leur permettre d'user d'un agent de production inutile souvent là où il se rencontre, voilà tout ce qu'il contient. Sur tout autre point, et il importe de le remarquer, la législation actuelle demeure intacte. Propriété et police des eaux, droit de l'État, juridiction et compétences, rien de ce qu'elle prescrit et consacre n'est modifié, et si c'est devant les tribunaux que sont renvoyées les contestations auxquelles pourrait donner lieu l'exercice du droit de passage des eaux, c'est qu'il ne s'agit là que de faits d'un ordre sur lequel seuls ils ont eu jusqu'à présent mission de prononcer.

C'est toutefois une innovation réelle que la consécration d'un droit dont l'exercice entraîne l'établissement d'une servitude foncière non admise encore par notre législation, et comme toutes les innovations, celle-ci n'a pu échapper à des objections dont il importe que nous nous rendions compte, avant d'entrer dans l'examen des articles compris dans le projet de loi.

C'est, a-t-on dit, attenter au droit de propriété, que créer des servitudes dans un intérêt privé. Jusqu'ici, de telles prescriptions n'étaient connues que pour cause d'utilité publique, et c'est aux particuliers que doit équitablement être laissé le soin de régler, par des conditions librement débattues, tout ce qui n'a d'autre but que d'ajouter au produit des biens dont ils jouissent.

En second lieu, le projet de loi ne saurait répondre à l'attente de ses auteurs. Ce qu'exige la matière grave et compliquée de l'irrigation, c'est une loi complète et détaillée, une loi embrassant et résolvant tous les cas qui peuvent se présenter, et leur appliquant à tous des règles à la fois générales et sûres.

Enfin de l'exécution d'un projet de loi restreint et partial dans ses vues, sortiront d'innombrables et fâcheux litiges. Des eaux, laissées aujourd'hui à leur cours naturel, seront dérivées au loin; les riverains inférieurs verront diminuer la quantité de celles dont ils ont l'usage, et de là des contestations fréquentes. A ces contestations s'ajouteront celles que ne peuvent manquer de produire l'établissement des servitudes et les indemnités dues aux propriétés qui les subiront; et les tribunaux, sans règles préétablies, contraints dans la plupart des cas à s'en rapporter à des experts, se trouveront accablés sous le poids de leur tâche.

Ces objections, Messieurs, votre commission les a examinées, et elle ne les a pas trouvées assez fondées pour qu'elles dussent l'empêcher de donner son assentiment au projet de loi.

Assurément, ce serait chose grave qu'une atteinte portée au droit de propriété. Au droit de propriété sont dus tous les biens, toutes les lumières qui ont élevé si haut les sociétés modernes, et plus est complet le respect qu'il obtient, plus sont heureux et rapides les progrès de la civilisation. Mais ici, où donc est l'atteinte au droit de propriété? Vainement l'avons-nous cherché; nous n'avons aperçu que la déclaration d'une de ces contraintes légales qui ne portent sur certaines portions du sol que dans un intérêt commun à toutes les autres, et qui, sagement réglées, rendent en définitive au droit de propriété beaucoup plus qu'elles ne semblent lui ôter.

On affirme que la propriété ne doit être atteinte dans son indépendance que pour cause d'utilité publique : pas de principe moins contestable ; mais sait-on bien où commence et finit l'utilité publique ? La loi ne le dit pas, et il lui eût été impossible en effet de le dire. A côté des grands et éternels intérêts de la défense et de la sûreté nationales, viennent s'en placer d'autres dont il est donné au temps d'agrandir l'importance, et auxquels des concessions sont dues, toutes les fois que le bien-être de tous dépend, dans une certaine mesure, de leur admission au nombre des intérêts que l'État privilégie. Ainsi l'entend avec raison le Gouvernement lui-même. Le droit d'expropriation, ce droit si décisif et si considérable, ce n'est plus uniquement afin d'ouvrir des voies de communications générales, d'assurer la salubrité locale ou d'accroître la puissance militaire qu'il en permet l'usage ; des usines, des établissements industriels l'ont obtenu, et, depuis sept ans, une loi et plusieurs ordonnances, en autorisant les propriétaires d'Épinac et du Creuzot, des mines d'Anzin et de Decize, à construire des chemins de fer sur le terrain d'autrui, les ont investis d'une prérogative que la Charte et l'art. 545 du Code civil n'accordent que pour cause d'utilité publique (1).

Ici, au reste, ce n'est pas même du droit d'expropriation forcée qu'il est question, c'est de l'établissement d'une servitude d'aqueduc ; or, à cet égard, le projet de loi ne propose rien qui soit en désaccord avec l'esprit même de notre législation. Les servitudes établies par la loi ont pour objet l'utilité publique ou communale, ou l'utilité des particuliers. Voilà le texte de l'article 649 du Code ; et cette énonciation est sensée et prévoyante ; car entre les utilités particulières, et l'utilité publique qui résume ce qu'elles ont de commun, la distinction ne saurait être toujours ni bien nette, ni même possible. Aussi, comptons-nous dans notre pays plus d'une servitude légale, à laquelle il serait facile de contester le caractère de l'utilité publique. Telle est, par exemple, celle si connue que l'en-

---

(1) Loi du 17 juillet 1837 ; Ordonnances en date des 26 décembre 1837, 31 janvier 1841 et 12 septembre 1841, autorisant les propriétaires des usines et mines ci-dessus dénommées à construire des chemins de fer dans l'intérêt du transport de leurs produits jusqu'aux points de chargement à destination.

clave fait peser sur le champ qui l'environne. Certes, il eût pu sembler naturel de laisser au maître de l'enclave le soin d'acquérir à prix débattu le droit d'accession à sa propriété. La loi ne l'a pas voulu; elle a compris qu'il suffirait de mauvaises passions chez celui qui seul peut céder ce droit, pour frapper de stérilité une portion du sol cultivable et en anéantir la fécondité au détriment de tous. La loi n'a pas admis non plus qu'il fallût abandonner au hasard des conventions privées les intérêts attachés à la production minérale. A l'aspect d'une permission de recherche délivrée par l'administration supérieure, tout propriétaire doit laisser creuser, fouiller, bouleverser son domaine. Bien plus, la mine, si elle existe, est concédée sans sa participation, et la terre qui lui appartient subit toutes les modifications que requièrent les travaux de l'exploitation. C'est que la loi n'a pas cru qu'il n'y eût d'engagés à l'occasion des enclaves ou des mines que des intérêts individuels; elle a pensé qu'il s'agissait aussi d'intérêts généraux, et qu'il importait d'ouvrir un accès facile à des sources de richesse qui ne pouvaient demeurer fermées sans préjudice pour la société tout entière. Des indemnités proportionnées à l'étendue des dommages dont les biens atteints par les servitudes deviennent passibles, c'est là tout ce qu'elle accorde aux propriétaires.

On le voit donc, le projet de loi ne propose pas d'introduire dans notre législation un principe qui lui soit étranger; ce qu'il propose, c'est une application nouvelle d'un principe dès longtemps accepté, et tout, en définitive, consiste à savoir si cette application serait suffisamment justifiée par l'importance des intérêts qui la sollicitent.

Or, ceci n'a pas fait doute dans bon nombre d'États où la propriété, fortement constituée, jouit de toute la sécurité désirable. Les droits d'aqueduc et d'expropriation forcée que, sous l'empire des nécessités dues aux circonstances atmosphériques qui leur sont propres, avaient, presque de tout temps, consacrés les contrées du midi de l'Europe, celles du nord les ont admis aussitôt que s'y est révélé le besoin d'ajouter, au moyen de l'irrigation, à la puissance productive du sol. Nulle part en Allemagne et en Angleterre, on n'a imaginé que les mesures adoptées ne fussent que des satisfactions accordées à des intérêts particuliers qu'il vaudrait mieux laisser s'arranger librement entre eux : on les a vues sous leur véritable jour, comme des mesures qui, en assurant au travail qui nourrit la population et donnant des facilités devenues indispensables à ses progrès, réunissaient tous les caractères auxquels se reconnaît l'utilité publique.

En serait-il autrement parmi nous ? Le supposer, ce serait ignorer à quel point l'industrie la plus essentielle au bien-être social est comprimée dans ses développements les plus nécessaires, et combien il est urgent de la mettre enfin à même d'avancer à plus grands pas dans les voies nouvelles, où l'appellent de concert et les enseignements de la science et les exigences croissantes de la consommation. Il n'est pas nécessaire de charger ce rapport de détails techniques, ni sur les proportions dans lesquelles un meilleur emploi des eaux, que nous laissons se perdre infructueusement, peut augmenter le produit et l'étendue des superficies herbagères, ni sur les additions de fécondité que recevrait le sol labourable en raison du surcroît des engrais à attendre de la multiplication des animaux ; d'autres ont amplement rempli cette tâche, et vous connaissez leurs écrits ; mais ce que nous ne saurions trop rappeler, c'est que de l'abondance des récoltes dépendent la richesse et la puissance des États, et qu'à rien de ce qui peut ajouter à cette richesse et à cette puissance ne saurait manquer le plus haut degré de l'utilité publique.

Ces considérations, Messieurs, nous ont paru répondre suffisamment à l'objection qui porte sur le principe même du projet de loi. Du moment où des indemnités équitablement mesurées, en précèdent l'établissement, le parcours des eaux n'impose aux fonds traversés qu'une de ces servitudes dont la loi rend la propriété passible, toutes les fois qu'il importe de donner satisfaction à des intérêts d'un ordre supérieur.

Maintenant est-il vrai que le projet de loi soit trop petit, trop restreint pour aller au but qu'il veut atteindre ? Nous ne le contesterons pas : une loi générale, une de ces grandes lois qui règlent de haut, et dans toutes leurs particularités, les matières dont elles traitent, serait préférable ; mais de telles lois, Messieurs, est-il donné à tous les temps de s'en occuper avec fruit, et convient-il de rejeter le bien dont nous pouvons nous saisir, dans l'espoir, si souvent déçu, d'obtenir plus tard mieux et davantage ! Voici de longues années que la France attend un Code rural, et tout annonce qu'elle l'attendra bien des années encore. Et quand ce Code sera soumis aux délibérations des Chambres ; quand douze cents articles au moins auront à subir l'épreuve d'autant de votes, qui oserait affirmer qu'ils en sortiront victorieux et conservant entre eux l'accord sans lequel l'application en serait inutile ou pernicieuse ? Détachée même du Code rural, où elle n'a pas sa place obligée, une loi générale et complète sur les irrigations serait encore une œuvre d'un labeur immense. Elle aurait à décider des questions de propriété, à statuer sur toutes les espèces d'eaux, à partir de celles qui s'amassent dans nos plus grands fleuves, jusqu'à ces sources que l'art va chercher dans les profondeurs du sol, à organiser des modes et des systèmes de répartition non moins divers que les configurations locales, à formuler des chartes d'association, à prévoir et à définir une multitude de cas particuliers, et cela, dans un pays où l'usage des eaux, n'est bien apprécié que sur un petit nombre de points du Midi, et où manquent des connaissances qu'il faudrait emprunter presque toutes au dehors. Une entreprise si considérable, nous n'hésitons pas à le dire, est pleine de difficultés, et vainement en poursuivrait-on le succès.

Peut-être, croit-on trop parmi nous à la facilité de réaliser, d'un seul jet, de grandes conceptions législatives. Les lois ne sont ni des œuvres d'art qui sortent complètes de la pensée qui les enfante, ni des créations systématiques libres de se jouer des résistances du monde réel : dans l'ordre économique surtout, ce qu'elles atteignent, ce sont des faits mobiles par essence, et qui subissant des transformations progressives, ne se dévoilent que partiellement et successivement ; et mieux vaut toujours attendre pour en agrandir la portée que les lumières de la pratique soient venues éclairer pleinement la sphère où s'étend leur activité.

Aussi, Messieurs, malgré l'insuffisance qu'on lui reproche, pensons-nous que le projet de loi n'a fait que garder une réserve prudente. S'il est loin d'accorder aux entreprises d'irrigation le haut degré de faveur dont elles sont devenues l'objet dans la plupart des contrées de l'Europe, du moins leur assurera-t-il, si vous l'adoptez, des libertés dont elles ont été privées jusqu'ici, et en admettant même que ces libertés soient trop restreintes, encore y a-t-il avantage à les accepter dès à présent. Ce qui restera à faire, le temps le montrera; et le gouvernement, qui a annoncé l'intention de suivre attentivement la marche des faits, et de préparer, à l'aide des enseignements qu'ils produiront, une œuvre plus complète et plus efficace, saura bien soumettre aux délibérations des Chambres toutes les dispositions additionnelles dont l'expérience lui révélera la nécessité.

Venons maintenant à la dernière des objections générales, à celle qui se fonde sur la supposition que de nombreuses et interminables contestations seront le fruit de l'application de la loi.

Et d'abord il importe qu'on veuille bien se souvenir que le projet de loi n'admet d'autre innovation que la possibilité accordée aux propriétaires d'obtenir le passage des eaux, dont ils ont droit de disposer, sur les fonds d'autrui. Sur tout autre point, la législation présentement en vigueur ne subit aucune espèce de modification, et dès lors, il demeure constant que les contestations, s'il s'en élève, auront pour cause, soit l'exercice du droit de disposer des eaux, soit l'établissement des ouvrages d'art nécessaires à leur parcours sur les terrains assujettis à leur donner passage.

Or, quant à la première de ces causes de litige, il est deux sortes d'eaux sur lesquelles ne saurait s'étendre son action. Ce sont les eaux dont l'État seul est maître, et celles dont les particuliers ont la possession complète. Pour celles-ci, ni la propriété ni l'usage n'en peut être contesté. Tout ce qui s'y rapporte repose sur des titres clairs et positifs et ne laisse aucun accès à la contradiction.

Restent les eaux courantes, qui, n'étant ni navigables ni flottables, appartiennent en commun à tous ceux dont elles bordent les propriétés et sur lesquelles, au fond, les propriétaires riverains n'ont que des droits d'usage dont l'étendue incertaine peut engendrer des abus et des dissentiments. Quant à celles-ci, c'est aux faits actuels à donner la mesure des faits à venir. Aujourd'hui, chacun est libre d'en dériver le volume nécessaire à l'irrigation de ceux de ses champs qui en longent le cours; voit-on sortir de l'exercice de cette faculté de graves complications et de bien nombreux procès? Certes, non; en sera-t-il différemment lorsque la possibilité de conduire ces eaux au delà des champs qui seuls maintenant peuvent en recevoir l'épanchement en aura accru la valeur? Nous l'admettrions dans une certaine limite, si, comme on paraît le supposer, ces eaux ne relevaient d'aucune autorité, et s'il était loisible à tout riverain de ne consulter dans leur emploi que sa volonté personnelle. Mais on l'oublie trop : ces eaux ne sont pas abandonnées aux entreprises des usagers. L'État, s'il n'en a pas la propriété, n'en est pas moins le dispensateur. Il en a la police, et si des empiétements venaient à appauvrir et à troubler la possession commune, ce serait à lui à imposer des règlements qui, en assignant à chacun sa part, mettraient fin à des collisions dont souffriraient les intérêts collectifs qu'il est tenu de concilier et de satisfaire.

Ainsi, du droit de disposer des eaux ne peuvent naître que des contestations dont l'administration supérieure est libre de resserrer étroitement le cercle. C'est dans la multiplication des règlements particuliers et locaux que la loi lui enjoint de faire, que se trouverait le remède au mal, s'il se produisait; et ce remède, nul doute qu'elle saurait l'employer.

Y aura-t-il en revanche beaucoup de contestations appelées par l'établissement des servitudes de passage et les changements qu'elles apporteront à la situation des propriétés qui auront à les supporter? Des contestations, il y en aura, surtout dans les premiers moments de l'exécution de la loi. Jamais un droit nouveau n'est mis en pratique sans soulever des oppositions et susciter des tentations abusives. Parmi les propriétaires, les uns voudront obtenir des concessions excessives, les autres se refuseront aux arrangements les plus simples, et les dissentiments iront se vider devant les tribunaux; mais ces dissentiments seront-ils nombreux? présenteront-ils des complications qui en aggraveront la nature? tel n'est pas notre avis, et voici pourquoi.

Imaginer que du moment où la loi paraîtra, les propriétaires avides d'exercer le droit qu'elle leur accorde vont s'empresser de le mettre à profit, et que de toutes parts se multiplieront sans règle ni mesure des entreprises d'irrigation dont les auteurs tiendront peu de compte des embarras que leurs travaux occasionneront à autrui, c'est se méprendre beaucoup. Ce n'est pas chose si simple que conduire loin de leur point de départ des eaux destinées à l'irrigation. Aux indemnités à payer aux possesseurs des champs traversés se joignent des dépenses de construction et de nivellement, et, comme les sacrifices croissent en raison des distances à franchir, ce n'est pas témérairement que seront conçues et exécutées de telles opérations. Il y a plus, hors des portions de la France où subsistent des systèmes d'arrosage dont la population locale connaît par expérience les avantages, la loi trouvera d'abord peu de personnes préparées à user des latitudes qu'elle confère. On sait avec quelle lenteur les innovations les plus utiles s'accréditent dans les campagnes; il n'y aura, pendant assez longtemps, que les propriétaires éclairés qui réclameront le bénéfice des dispositions nouvelles, et ceux-là mettront naturellement dans leurs actes toute la prudence et la réserve désirables.

De deux choses l'une, d'ailleurs : ou les contestations qu'on appréhende s'élèveront à l'occasion des demandes en obtention du droit de passage, et celles-là seront vidées tout d'abord; ou elles auront pour cause le montant des indemnités dues à raison, soit de la nature des travaux nécessaires au parcours de la conduite d'eau, soit de l'étendue des dommages résultant de l'écoulement des eaux, et parmi celles-ci, les premières seront terminées une fois pour toutes, et les secondes ne se renouvelleront pas fréquemment. En effet, ce sera d'ordinaire un avantage réel pour les propriétaires des fonds inférieurs que d'avoir à recevoir les eaux qui auront servi à l'irrigation. Ces eaux leur arriveront chargées de principes fécondants, et ceux d'entre eux qui auront commencé par croire aux inconvénients de l'égouttement, ne tarderont pas à changer d'avis et à en solliciter le bienfait. C'est là du moins ce que l'expérience atteste dans tous les pays où l'irrigation est en usage.

En pareille matière, il faut se confier un peu à la sagacité des intérêts. Ce qui aplanira bien des difficultés, c'est qu'il deviendra bientôt évident que les facilités accordées aux irrigateurs ne seront pas profitables à eux seuls. En augmentant considérablement les masses de fourrage, les irrigations offriront aux cultivateurs du voisinage la possibilité d'en obtenir à meilleur marché, et cet avantage si grand suffira pour les amener à favoriser des entreprises qui, avant qu'ils aient pu en recueillir leur part de bénéfice, n'auront peut-être pas rencontré leur assentiment.

Telles sont, Messieurs, les considérations qui nous ont empêchés de regarder comme bien fondées les objections dont la proposition de loi a été l'objet. Il en reste de moins générales dont nous allons vous entretenir en vous rendant compte des dispositions contenues dans les articles.

L'article 1er renferme la disposition fondamentale du projet de loi, celle qui permet à tout propriétaire qui voudra se servir, pour l'irrigation de ses propriétés, des eaux dont il a droit de disposer, d'en obtenir le passage sur les fonds intermédiaires. Déjà nous sommes entrés, au sujet de ce principe, dans tous les détails désirables. Seulement nous vous ferons remarquer que les maisons, cours, jardins et enclos attenant aux habitations sont exceptés de la servitude. C'est là une exception que votre Commission ne peut qu'approuver. Toucher à l'habitation et à ses annexes, en changer l'économie et la distribution, c'est souvent froisser des sentiments et des souvenirs dont le charme demande des ménagements particuliers, et n'est jamais susceptible de justes évaluations pécuniaires.

L'article 2 soumet les propriétaires des fonds inférieurs à recevoir, moyennant indemnité, les eaux qui s'écouleront des terrains irrigués. C'est une obligation que leur impose déjà l'article 640 du Code civil à l'égard des eaux naturelles. Ainsi que nous avons eu l'occasion de le faire remarquer, cette obligation, féconde en avantages que reconnaîtront facilement ceux qu'elle atteindra, ne sera pas longtemps une cause de plaintes et de contestations.

Ni dans la proposition de M. le comte d'Angeville, ni dans le travail de la commission de la Chambre des Députés, ne figurait originairement la disposition qui forme l'article 3 du projet de loi. C'est à titre d'amendement qu'elle y a obtenu place, et avec beaucoup de raison à notre avis. Si quelque chose, en effet, peut sembler étrange, c'est qu'une telle disposition n'existât pas dans notre législation. Rendre à la culture des terrains submergés, ce n'est pas seulement élargir les superficies où se produit la richesse territoriale, c'est aussi assainir le sol, et tarir dans leur source des maladies et des souffrances sous le poids desquelles succombent annuellement de malheureuses populations. Assurément, il serait difficile d'imaginer une œuvre plus utile et que réclame plus impérieusement l'intérêt public.

L'article 4 défère aux tribunaux les contestations auxquelles pourront donner lieu l'établissement de la servitude du passage, les opérations à l'aide desquelles les eaux seront recueillies et conduites, ainsi que les indemnités à fixer pour dommages éprouvés par les propriétaires des terrains traversés. Cette disposition a soulevé des objections dont nous avons à vous entretenir.

Au dire de quelques personnes, l'administration va se trouver privée de la part d'action qui, dans l'intérêt de tous, devrait lui être réservée. Seule elle est à même de répartir convenablement les eaux entre les ayants droit, de déterminer le volume des prises, et c'est réduire ses attributions que ne pas la charger du soin de régler tout ce qui peut résulter de l'usage de ces mêmes eaux. Les tribunaux ne sont pas aptes à remplir la tâche qu'on leur décerne ; ils ne se maintiendront pas dans les limites de leur compétence, et de nombreux conflits de juridiction ne tarderont pas à s'élever au grand détriment de la propriété.

Ces assertions, Messieurs, sont le résultat d'une méprise. Ainsi que le dit expressément l'article 5 du projet de loi, il n'est dérogé en rien aux lois qui règlent la police des eaux, et l'administration n'est menacée de perdre aucun des pouvoirs qu'elle a exercés jusqu'ici. La tutelle dont elle est investie, le droit d'imposer des règlements particuliers et locaux que les tribunaux ont à observer dans les jugements qu'ils prononcent, tout cela subsiste, et nous ne voyons pas qu'il y soit porté la moindre atteinte. C'est l'administration supérieure qui, à l'avenir comme dans le passé, surveillera l'usage des eaux dont la propriété est collective ; c'est elle qui les répartira entre les riverains, qui fera la part des usines aussi bien que celle des irrigations, qui ordonnera l'entretien des berges, et exigera les curages ; seulement s'il arrive que les eaux, devenues plus précieuses, soient plus recherchées, elle aura à multiplier ses soins, et son action bien loin d'en être amoindrie, y gagnera en étendue et en utilité.

Ajouter aux prérogatives de l'administration, l'appeler à juger les contestations mentionnées dans l'art. 4, ce serait, au contraire, confondre et bouleverser tous les principes de la législation. Aujourd'hui, l'administration, en imposant des règlements locaux dans l'intérêt collectif des riverains, assigne à chacun sa part à la propriété commune, et distribue en réalité les titres en vertu desquels a lieu l'usage des eaux. Quant aux tribunaux, ils n'ont pas à discuter les règlements; ils en maintiennent l'exécution, et n'ont ainsi à statuer au fond que sur des plaintes pour dommages causés à la propriété par les empiétements que se permettent, sur les droits d'autrui, ceux qui tentent d'abuser de titres définis et limités par l'autorité légale. Voilà la règle posée par l'art. 645 du Code civil. Or, dans les cas prévus par l'art. 4 de la proposition de loi, et il est essentiel d'y faire attention, il ne s'agit pas même de contestations sur le volume et le mode des dérivations fixés par les actes administratifs, il s'agit simplement de contestations provenant des circonstances du passage des eaux sur les fonds intermédiaires, c'est-à-dire des lésions à la propriété privée, dont la justice civile a seule droit de connaître, et dont seule aussi elle a droit de stipuler et d'exiger la réparation.

Redouter de nombreux conflits de juridiction, c'est encore oublier que rien n'est changé dans l'ordre et la nature des compétences. Les conflits aujourd'hui ne sont pas communs et d'ordinaire ont pour source des transactions entre usiniers qui parfois dénaturent les termes des autorisations qu'ils tiennent de l'administration supérieure. Tandis que les tribunaux considèrent comme valables des conventions acceptées par les parties, l'administration leur refuse ce caractère et n'en permet pas l'exécution. Mais ces conflits, qu'une décision législative préviendrait si facilement, l'extension des irrigations n'en saurait multiplier le nombre; car le droit à l'usage des eaux dont jouissent les riverains est inhérent à la propriété même, et nul ne peut disposer en faveur d'autrui que de la part limitée dont il est possesseur, et en établissant la première dérivation sur son propre sol.

On prétend encore qu'en se bornant à recommander aux tribunaux de concilier dans leurs actes l'intérêt des opérations d'arrosage avec le respect dû à la propriété, on les laisse sans injonctions précises, et qu'il ne sortira de leurs arrêts qu'une jurisprudence hasardeuse, confuse, pleine d'erreurs et de contradictions.

Il eût été, à notre avis, bien plus périlleux encore d'aller au-devant du danger et de descendre dès à présent à des dispositions de détail dont rien n'eût garanti la sagesse. Certes, les tribunaux ne sont pas infaillibles, et l'erreur se mêle parfois à leurs décisions. Mais contre l'inconvénient que l'on appréhende existent des sûretés dans la simplicité même des cas sur lesquels il faudra prononcer. Ce seront des contestations sur l'étendue et la réalité des dommages apportés aux propriétés où les eaux obtiendront passage et auront leur écoulement, qui seront portées devant les tribunaux ; or, de tels dommages, il n'est pas de cultivateur un peu expérimenté qui ne soit apte à en constater, presque à la première vue, la véritable valeur. Des experts suffiront sans peine à l'œuvre, et leur dire mettra les tribunaux en demeure de prononcer sans courir le risque de blesser l'équité.

Nous touchons, Messieurs, au terme de la tâche que vous nous avez confiée. En autorisant les propriétaires à obtenir la faculté de faire passer les eaux dont ils ont le droit de disposer sur le champ d'autrui, le projet de loi constitue un genre de servitude encore inusité parmi nous, et l'innovation a paru grave à des hommes qui, dans le respect profond qu'ils portent aux Codes dont la France est fière à juste titre, inclinent à repousser tout changement dont l'admission semble en rendre la perfection douteuse. Pour nous, c'était un motif de plus d'examiner attentivement la question, et non-seulement l'innovation nous a paru n'avoir rien que de juste et de nécessaire, rien que de strictement conforme à l'esprit même de nos lois ; mais s'il nous restait une appréhension, ce serait qu'elle ne soit pas assez large pour dégager suffisamment la première de nos industries, celle dont chaque pas, en accroissant la richesse et la population ajoute le plus aux forces nationales, des obstacles qui maintenant en contrarient et ralentissent le bienfaisant essor. Ainsi, le projet de loi n'admet pas le droit d'appui, ce droit si nécessaire au libre usage des eaux propres à l'irrigation ; ainsi, il n'offre aucun encouragement à la formation des associations dont l'action combinée permettrait d'étendre sur de vastes superficies le bienfait de l'arrosement, et tant de réserve en atténuera l'efficacité.

Tel qu'il nous a été transmis, le projet, cependant, aura son utilité. S'il ne produit pas autant de bien que les législations plus hardies et plus décisives sous lesquelles viennent de se placer quelques États de l'Europe, du moins en produira-t-il assez pour mériter notre assentiment. Grâce aux dispositions qu'il contient, de nombreux moyens de production cesseront de demeurer stériles ; à des ressources dont l'insuffisance comprime les développements de l'agriculture, il permettra d'en joindre de nouvelles, et au sein de campagnes d'une fertilité mieux assurée, s'amasseront de plus belles et plus abondantes récoltes. Ce sont là des avantages trop réels pour être délaissés. Sans doute, l'avenir ne s'en contentera pas, et le moment viendra où il faudra les étendre ; mais alors l'expérience aura porté ses fruits, et, de toutes parts s'offriront au législateur les lumières dont il aura besoin pour achever sûrement sa tâche.

Votre Commission, Messieurs, vous propose l'adoption du projet de loi.

LÉGISLATION ÉTRANGÈRE.

Ètats sardes.

EXTRAITS DU CODE CIVIL SARDE.

Le Code sarde, aprés avoir posé les règles générales en matière de servitudes, trace en ces termes les règles spéciales aux irrigations :

DU DROIT DE PASSAGE ET D'AQUEDUC.

622. Toute commune, tous corps, tous particuliers, sont tenus de donner passage sur leurs fonds aux eaux que veulent conduire ceux qui ont le droit de les dériver des fleuves, rivières, fontaines ou d'autres eaux, pour l'irrigation des terres ou pour l'usage de quelque usine. Les maisons, ainsi que les cours, aires et jardins qui en dépendent, sont cependant exceptées de la disposition du présent article.

623. Celui qui demande un passage pour les eaux est tenu de faire construire le canal nécessaire à cet effet, sans pouvoir prétendre de les faire passer dans les canaux déjà établis pour le cours d'autres eaux. Cependant, celui qui, ayant un canal sur son fonds, est en même temps propriétaire des eaux qui y coulent, peut, en offrant de donner passage aux eaux par ce canal, empêcher qu'on n'en établisse un autre sur sa propriété, pourvu qu'en usant de cette faculté, il ne cause pas un préjudice notable à celui qui demande le passage.

624. On devra également permettre le passage des eaux à travers

les canaux et aqueducs, de la manière la plus convenable et la mieux adaptée aux localités et à l'état de ces canaux et aqueducs, pourvu que le cours de leurs eaux ne soit ni gêné, ni retardé, ni accéléré et qu'il n'en résulte aucun changement dans le volume de ces mêmes eaux.

625. Lorsque, pour la conduite des eaux, on sera obligé de traverser des chemins publics ou communaux, ou des fleuves, rivières ou torrents, on devra se conformer aux lois et aux règlements spéciaux sur les eaux et chemins.

626. Celui qui veut faire passer des eaux sur le fonds d'autrui doit justifier que l'eau dont il peut disposer suffit à l'usage auquel elle est destinée, et que le passage qu'il demande est, eu égard à l'état des fonds voisins, à la pente et aux autres conditions requises pour la conduite, le cours et la décharge des eaux, le plus convenable et celui qui causera le moins de dommages aux biens.

627. Celui qui veut conduire des eaux sur l'héritage d'autrui doit, avant d'entreprendre la construction d'un aqueduc, payer la valeur du sol à occuper, suivant l'estimation qui en aura été faite, sans déduction des impositions et des autres charges qui seraient inhérentes au fonds, et avec l'augmentation du cinquième en sus. Il sera, en outre, tenu des dommages immédiats, dans lesquels on comprendra ceux résultant de la séparation en deux ou plusieurs parties du fonds à traverser, ou de toute autre détérioration.

Si la demande pour le passage des eaux est limitée à un temps qui n'excède pas neuf ans, l'obligation de payer la valeur du sol occupé par le canal, avec le cinquième en sus et les dommages résultant du morcellement et de la détérioration du fonds, sera réduite à la moitié de ce qui serait dû, s'il n'y avait pas limitation de temps; mais à la charge de rétablir, à l'expiration du terme, les choses dans leur premier état. Dans le cas où celui qui a demandé le passage temporaire des eaux veut ensuite le rendre perpétuel, il ne pourra imputer les sommes payées pour la moitié de la valeur du sol et des dommages causés par le morcellement et la détérioration du fonds.

628. Celui qui voudra profiter de l'offre que le propriétaire du fonds aurait faite, en conformité de l'article 623, de donner passage aux eaux au moyen du canal qui lui appartient, sera pareillement tenu

de payer, en proportion du volume d'eau qu'il y introduira, la valeur du sol occupé par ce canal. Il devra, en outre, rembourser, dans la même proportion, les dépenses faites pour l'établissement du canal, sans préjudice de l'indemnité due pour toute plus ample occupation de terrain, et pour les autres dépenses que le passage des eaux aurait rendues nécessaires.

629. Lorsque celui qui a établi un aqueduc sur la propriété d'autrui veut s'en servir pour y introduire une plus grande quantité d'eau, il ne pourra l'y faire venir qu'après qu'il aura été vérifié que l'aqueduc peut la contenir, et qu'on aura reconnu qu'il n'en peut résulter aucun préjudice pour le fonds servant. Si l'introduction d'une plus grande quantité d'eau exige la construction de nouveaux ouvrages, cette construction ne pourra avoir lieu que lorsqu'on aura préalablement déterminé la nature et la qualité de ces ouvrages, et qu'on aura payé la somme due pour le sol à occuper et pour les dommages, conformément à ce qui est prescrit par l'article 627.

630. Les dispositions énoncées dans les articles précédents, concernant le passage des eaux, sont applicables au cas où le possesseur d'un fonds marécageux veut le bonifier ou le dessécher par colmates (1) ou atterrissements, ou en creusant un ou plusieurs canaux d'écoulement.

Si les personnes qui ont droit aux eaux du marais, ou à celles qui en proviennent ou en sont dérivées, forment opposition au desséchement, les tribunaux, en prononçant, doivent concilier l'intérêt de la salubrité de l'air avec celui de l'agriculture, et avoir en même temps égard aux droits de l'opposant et à l'usage auquel il emploie ces eaux.

631. Les concessions d'usage d'eau obtenues du domaine royal

(1) On appelle *colmate* le dépôt abondant laissé sur le sol par des eaux très-limoneuses: ainsi celles de la Durance ont colmaté, sur plusieurs points, les steppes pierreuses de la Crau (Bouches-du-Rhône), et l'on conquiert en ce moment sur la mer, par un puissant colmatage, au-dessous de la poudrerie de Saint-Chamas, une surface solide considérable qui sera tout entière le produit des eaux mêlées des canaux de Craponne et de Boisgelin. Nous avons vu opérer, en Savoie, des colmates avec des eaux limpides de torrents dans lesquelles on jetait, lors des crues, les terres dont on dépouillait les parties élevées des montagnes.

sont toujours réputées faites sans préjudice des droits antérieurs d'usage qui peuvent être légitimement acquis sur cette même eau.

632. Les usagers, tant supérieurs qu'inférieurs, ayant droit de dériver des eaux des rivières, torrents, ruisseaux, canaux, lacs ou réservoirs, auront toujours soin de ne pas se nuire entre eux par l'effet de la stagnation, du refoulement ou de la déviation de ces mêmes eaux. Ceux qui y auront donné lieu seront tenus des dommages, et encourront les peines portées par les règlements de police rurale.

633. Si les eaux qui coulent au bénéfice des particuliers empêchent les propriétaires voisins de pouvoir se transporter sur leurs fonds, d'en continuer l'arrosement ou d'y faire écouler l'eau, ceux qui tirent avantage des eaux doivent construire et entretenir des ponts, auxquels ils donneront l'accès nécessaire et suffisant pour maintenir des passages commodes et sûrs. Ils doivent aussi construire et entretenir les aqueducs souterrains, les ponts-aqueducs, et faire tous autres ouvrages semblables pour la continuation de l'arrosement ou de l'écoulement, sauf convention ou possession légitime au contraire.

. . . .

DES DROITS DU PROPRIÉTAIRE DU FONDS AUQUEL LA SERVITUDE EST DUE.

. . . .

663. Le droit de conduire de l'eau n'attribue à celui qui l'exerce ni la propriété du terrain latéral, ni celle du terrain existant au-dessous de la source ou du canal de dérivation ; les contributions foncières et les autres charges inhérentes au fonds sont supportées par le propriétaire de ce terrain.

664. A défaut de conventions particulières, le propriétaire de l'eau, ou toute autre personne qui en fait la concession, est tenu envers les concessionnaires de faire tous les ouvrages ordinaires et extraordinaires pour la dérivation, la conduite et la conservation des eaux, jusqu'au point où les usagers ont le droit de les prendre : il est ainsi tenu de maintenir en bon état les ouvrages d'art, ainsi que le lit et les rives des fontaines et canaux, de faire les curages ordinaires, et de veiller, avec toute l'attention et toute la diligence né-

cessaires, à ce que la dérivation et la conduite de l'eau s'opèrent régulièrement et aux époques dues, sous peine de tout dommage envers les usagers.

665. Néanmoins, si celui qui a fait la concession établit que le manque d'eau provient d'un accident naturel, ou même du fait d'autrui, sans qu'on puisse en aucune manière le lui imputer, ni directement ni indirectement, il ne sera point alors responsable des dommages éprouvés par les usagers; mais il subira seulement une réduction proportionnelle sur le prix de location, ou sur ce qui a été convenu devoir former l'équivalent de la concession, qu'il ait été payé ou non ; sans préjudice de l'action en dommages-intérêts qui compète aux parties envers les auteurs de la voie de fait qui a donné lieu au manque d'eau.

Dans le second des cas prévus ci-dessus, celui qui a fait la concession sera tenu, sur la demande des usagers, d'intervenir, s'il y a lieu, dans l'instance, pour agir de concert avec eux et les seconder de tous ses moyens, à l'effet qu'ils puissent obtenir les dommages auxquels donne lieu le manque d'eau.

666. Le manque d'eau doit être supporté par celui qui avait droit de la prendre et d'en jouir au temps où elle a manqué, sauf l'action en dommages, ou la diminution, soit du prix de location, soit de l'équivalent convenu comme ci-dessus.

667. Entre divers usagers, le manque d'eau doit être supporté, avant tous autres, par ceux qui ont titre ou possession plus récente ; et si, à cet égard, les droits des usagers sont égaux, il doit l'être par l'usager inférieur.

Le recours pour les dommages est toujours réservé contre celui qui a donné lieu au manque d'eau.

668. Dans toutes les contestations sur le possessoire sommaire, les droits et les obligations de celui qui jouit d'une servitude, comme de celui qui la doit, ou de tous autres intéressés, sont déterminés par ce qui s'est pratiqué l'année précédente ; ils le sont par le mode de jouissance le plus récent, lorsqu'il s'agit de servitudes dont l'exercice exige un laps de temps excédant l'année.

Législation lombarde.

EXTRAIT DE LA LOI DU 20 AVRIL 1804, RELATIVE AUX FRAIS DES TRAVAUX ET A L'ADMINISTRATION DES EAUX PUBLIQUES.

DE L'ADMINISTRATION DES EAUX ET DES TRAVAUX S'Y RATTACHANT.

20. La haute surveillance et la tutelle des eaux, ainsi que des travaux qui s'y rattachent, sont confiées au Gouvernement.

21. Deux ingénieurs hydrauliques nationaux ont l'inspection et la surintendance des travaux qu'exigent les eaux qui intéressent l'État.

Le Gouvernement nomme ces ingénieurs hydrauliques, et détermine leurs circonscriptions respectives.

22. L'ingénieur hydraulique national propose pour sa circonscription, au Ministre de l'intérieur, les travaux à faire à la charge de l'État ; il communique ses projets aux préfets respectifs.

L'approbation obtenue, il désigne, pour la surveillance de ces travaux et de tous ceux qui lui sont ordonnés par le Ministre de l'intérieur, un délégué particulier, muni de pouvoirs suffisants pour les faire exécuter de concert, lorsqu'il sera nécessaire, avec les autorités locales.

23. Il donne son parère sur les travaux auxquels concourt l'État, et veille à ce qu'ils soient exécutés, avec toute l'exactitude et l'économie désirables, par les délégations respectives. Dans le cas de non observance, il en donne avis au *Tribunal des eaux* et au Ministre de l'intérieur.

24. Dans chaque département il y a un Tribunal des eaux (*Magistrato di acque*). Les conseils généraux en nomment les membres.

Le nombre de ceux-ci ne peut être inférieur à cinq ni excéder neuf. Deux membres de l'administration départementale en font nécessairement partie. Il est présidé par le préfet ou son lieutenant d'administration, qui n'ont pas voix délibérative. Un conseiller hydraulique y assiste ; ce dernier reçoit seul une indemnité, payée par le département.

25. Dans chaque arrondissement, il est établi une Délégation spéciale, composée de propriétaires choisis dans la localité. Cette délégation veille à l'exécution des travaux à faire dans l'arrondissement. Elle dépend du tribunal des eaux, avec lequel elle correspond. Quand il en est besoin, les délégués se font assister par un ingénieur, qui reçoit alors de l'arrondissement une indemnité.

26. Dans le terme d'une année, les conseils généraux proposeront au Gouvernement un règlement sur les eaux, adapté aux besoins et aux circonstances de leur propre département. Ce règlement a pour objet la direction et l'écoulement des eaux, la construction, l'entretien et la surveillance des digues et encaissements, la défense des terrains contre les inondations, la manière dont doivent s'exécuter les travaux et le mode d'irrigation à suivre. Il contient, en outre, les règles auxquelles il faut obéir pour l'installation des délégations, et la marche à suivre par ces dernières pour qu'elles remplissent les obligations qui leur sont imposées. Dans ce règlement sont aussi indiquées les amendes auxquelles seront condamnés les contrevenants.

27. Ces amendes ne pourront dépasser la somme de 600 livres (600 francs) et il ne pourra, subsidiairement, être appliqué plus de six mois de prison.

Lorsque les règlements susdits sont approuvés par le Gouvernement, ils doivent être pleinement exécutés. Les amendes ci-dessus indiquées profitent aux arrondissements respectifs.

28. Le tribunal des eaux, sur la proposition des délégations, après avoir entendu l'ingénieur hydraulique national, ordonne les travaux et les dépenses pour chaque arrondissement.

29. Si la dépense de ces travaux exige des subsides de la part du département, le tribunal des eaux soumet son décret à l'approbation du Gouvernement.

Cependant, lorsque les travaux décrétés sont urgents, il les fait exécuter sans délai, en en donnant immédiatement avis au Ministre de l'intérieur.

30. Sur la demande de l'ingénieur hydraulique national, et de sa seule autorité, le tribunal peut ordonner un travail à la charge de plusieurs délégations, après toutefois les avoir entendues.

31. Avec l'aide de l'ingénieur hydraulique national, il surveille les délégations, et, en cas de négligence ou d'inexactitude de celles-ci, il fait exécuter les travaux à leur charge.

32. Il décide dans les cas de plainte des particuliers contre les délégations, ou de contestation entre les délégations elles-mêmes, sauf recours au Conseil législatif, sans que l'exécution des délibérations prises puisse être retardée par ce recours.

33. Le conseil général du département, après avoir entendu l'ingénieur hydraulique national, désignent les arrondissements qui doivent concourir aux dépenses des travaux hydrauliques à entreprendre.

L'ingénieur hydraulique national présente un projet de carte (*mappa*) pour chaque arrondissement, avec l'indication précise des terres qui le composent, leur valeur cadastrale, et leur classification telle qu'elle est prescrite par la présente loi.

34. Le plan des arrondissements étant déterminé par le conseil général, l'administration départementale le publie avec les cartes respectives, et un délai de deux mois est accordé pour les réclamations.

L'administration départementale statue sur ces réclamations.

La décision du conseil général et les décisions particulières de l'administration sont remises au Ministre de l'intérieur qui les approuve, si elles ne contiennent rien de contraire aux lois.

35. Les associations territoriales de propriétaires, actuellement constituées pour concourir en commun aux dépenses des travaux concernant les eaux, sont soumises à l'examen de l'administration départementale, et, dans le cas où cette administration ne les trouverait pas entièrement conformes aux dispositions de la présente loi, elle les réformerait selon le besoin, après avoir pris l'avis de l'ingénieur hydraulique national, et elle soumettrait ce plan de réforme au conseil général.

Celui-ci l'approuvant , les dispositions ultérieures des articles précédents leur seraient applicables.

36. Les circonscriptions d'arrondissement formées ou rectifiées définitivement, ainsi que leur classement terminé, suivant les prescriptions de la présente loi, les ingénieurs hydrauliques nationaux respectifs présentent au Gouvernement le devis motivé des dépenses que chaque arrondissement doit supporter annuellement, indiquant s'il a été opéré, ou non, des déductions dans l'estimation fiscale des terres comprises dans l'arrondissement, l'étendue et la qualité de chaque arrondissement, et l'intérêt que le département et l'État ont à la préservation des terrains.

Ce projet est communiqué par le Gouvernement à l'administration départementale, ainsi qu'aux délégations d'arrondissement, et un délai leur est fixé pour présenter leurs observations. Ce délai expiré, le Gouvernement convertit en loi le budget des dépenses mises à la charge des arrondissements, en se basant sur la justice et l'équité.

37. Chaque année, les différentes délégations présentent au tribunal des eaux, afin qu'il l'examine, l'avant-projet des travaux à entreprendre pour l'année qui va suivre, et les devis des dépenses qu'ils entraîneront.

Cette présentation se fait dans le mois d'octobre.

38. Le projet de chaque arrondissement, divisé en chapitres, présente le montant des travaux à opérer ; on y porte en regard le produit annuel présumé de la dotation particulière de chaque circonscription, ainsi que le restant en caisse de l'année précédente, et si la dépense excède la recette, il indique le subside à réclamer, ou du département seul, ou du département et de l'État, conformément aux dispositions de la présente.

39. L'approbation du tribunal des eaux obtenue, et, s'il est besoin, celle du Ministre, le projet est imprimé et publié dans tout le département. Il sert de base aux conseils généraux pour déterminer la surimposition du département, et aux délégations pour régler et publier la contribution à payer par les propriétaires riverains et par les autres intéressés.

40. La quote-part fixée pour chaque arrondissement est couverte au moyen d'une imposition additionnelle sur les terrains qui en font

partie ; cette imposition est perçue par les receveurs des contributions directes, d'après les règles usitées pour les autres impôts ruraux.

41. Le produit en est versé, ainsi que celui des dotations particulières des arrondissements respectifs, dans la caisse du receveur départemental, et porté au crédit des délégations.

42. Le receveur, de la même manière et aux mêmes échéances, crédite chaque délégation du produit de la surimposition rurale du département.

Quant au subside à payer par l'État, le Ministre du trésor le délivre sur mandat du Ministre de l'intérieur.

. . . .

45. La délégation veille à ce que, en cas de *trop plein* (*di piena*); les digues soient bien gardées ; elle est aussi tenue d'apporter la plus scrupuleuse attention à ce que les règlements en matière d'eau soient observés, et cela sous la responsabilité la plus rigoureuse, en cas de négligence de sa part.

46. Elle défère aux juges ou aux tribunaux criminels les prévenus, dans les cas où des peines corporelles sont encourues ; mais elle inflige elle-même aux contrevenants les peines pécuniaires.

Le tribunal des eaux juge sans appel les recours en dégrèvement de peines pécuniaires, sans que ce recours suspende l'exécution du premier jugement.

47. Chaque délégation administre la dotation particulière des eaux de sa circonscription, et aussi les sommes recueillies pour les dépenses à faire. A la fin de l'année, elle rend compte de son administration à l'assemblée des intéressés, convoquée à cet effet par une ordonnance.

48. Ce compte est soumis à l'examen et à l'approbation du tribunal des eaux : on le soumet aussi au Ministre de l'intérieur, mais dans le cas seulement de l'intervention du département ou de l'État. Lorsque ce compte est approuvé, il est imprimé et rendu public dans tout le département.

49. Lorsque les diverses sections d'un même canal ou d'un même cours d'eau appartiennent à divers usagers, le Gouvernement a la faculté de réunir en société tous les intéressés, afin que tout se règle et s'exécute par une même administration.

DISPOSITIONS GÉNÉRALES.

50. Tout travail concernant les eaux se fait généralement par adjudication à l'enchère. Cependant, le tribunal des eaux, lorsque les circonstances l'exigent, peut dispenser de l'observance de cette prescription ; si l'État concourt à l'exécution des travaux, le tribunal doit, avant d'accorder la dispense, demander le consentement du Ministre de l'intérieur.

51. Tout particulier est tenu de céder le terrain nécessaire au creusement, à la rectification, à la dérivation, ainsi qu'à l'endiguement des fleuves, canaux de navigation, d'irrigation et d'écoulement publics, et en général à tous les travaux relatifs aux eaux et qui ont un but d'utilité publique. Il sera indemnisé, au besoin, selon l'équité.

52. Quiconque, possédant légitimement des eaux privées ou publiques, entend les dériver, dans l'intérêt de l'agriculture ou pour mettre en jeu des machines ou engins hydrauliques, peut les faire passer sur le terrain d'autrui, en payant la valeur, constatée par estimation, du terrain occupé par l'aqueduc à construire, plus le quart en sus ; en s'obligeant à entretenir cet aqueduc, les berges, travaux d'art, etc. ; comme encore à indemniser le propriétaire asservi, de tout dommage que l'opération pourrait causer au fonds traversé.

53. Les aqueducs ou canaux sont établis sur la partie de la propriété où, à dire d'expert, ils causent le moins de préjudice au fonds servant, sans que pourtant la dérivation des eaux en puisse jamais être entravée ou rendue moins commode.

54. Les terrains inférieurs ne peuvent se refuser à donner issue aux eaux supérieures. Outre les dispositions des articles précédents, c'est aux propriétaires des terrains supérieurs qu'incombe la dépense des excavations à faire pour l'écoulement des eaux, ou pour la défense des terres par lesquelles les colatures (1) doivent passer ;

(1) Colatures, en italien *colature*, eaux que les terrains arrosés n'ont point absorbées, et qu'il faut jeter au dehors de la pièce de terre ou de la propriété irriguée.

ils payent aussi une indemnité suffisante pour tout dommage qui, en quelque moment que ce soit, résulte de ces servitudes pour les terres traversées. Le présent article n'altère en rien l'effet des conventions, possessions et servitudes légitimement acquises.

55. Il est défendu de faire des excavations pour ouvrir passage à des sources ou têtes de fontaines (1), canaux secondaires et conduites d'eau, comme encore de creuser davantage ou d'élargir les excavations anciennes ou les sources existantes, dans le voisinage des fleuves ou canaux, et ce à une distance où, à dire d'experts, ces travaux pourraient nuire aux fleuves et canaux ou à leurs ouvrages défensifs.

56. Dans le cas de trop plein (*di piena*) et de danger d'inondation, de rupture, ou autres désastres de ce genre, tout particulier, sur l'invitation de l'autorité compétente, est tenu d'accourir pour travailler à fortifier les digues, avec les hommes, les bêtes de trait ou de somme, les chariots et tous les instruments nécessaires, de la manière et sous les peines prescrites par les lois et coutumes en vigueur.

57. Dans le cas d'urgence, les communes intéressées, et qui auront été désignées par les règlements publiés, sont tenues à fournir le nombre de chariots et de journaliers qui leur est demandé, et ces prestations sont payées par la caisse chargée de faire face aux dépenses. .   .   .   .

(1) *Teste di fontanili*. En Lombardie, la composition géologique des couches les plus rapprochées de la surface, est, en général, celle-ci : amas épais d'argile, recouvert d'une couche de galets ou cailloux roulés qui varie de 12 à 2 mètres d'épaisseur, et sur laquelle repose la terre arable, jadis sable inerte, et devenue, par la culture la plus intelligente, et, particulièrement, par l'emploi le plus judicieux de l'irrigation, une des plus fertiles du globe. Cette constitution géologique établit, à une certaine profondeur, un réservoir pour toutes les eaux qui, versées avec abondance à la surface, et n'étant absorbées ni par l'évaporation ni par les plantes, passent dans l'amas de galets comme à travers un crible. Aussi l'industrieux Milanais va-t-il chercher sur la couche imperméable, par de dispendieux travaux, des eaux qui, relativement chaudes pendant l'hiver, lui sont tout à fait nécessaires pour ses prés d'hiver (*prati marcitorii*). Ces sources artificielles, extrêmement nombreuses dans le Milanais, le sont beaucoup moins dans le Lodésan, où l'argile arrive beaucoup plus près de la surface et se confond souvent avec elle.

DÉCRET DU 20 MAI 1806, SUR LES IRRIGATIONS ET
LE SERVICE DES USINES.

DÉRIVATION DES EAUX DES FLEUVES, TORRENTS ET CANAUX PUBLICS.

1. Nul ne peut détourner tout ou partie des eaux publiques, ni exécuter dans ce but aucun travail d'art, sans l'investiture ou la concession du Gouvernement.

2. L'investiture ou la concession détermine la quantité d'eau, le temps, le mode et les conditions de la prise, de la conduite et de l'usage des eaux, ou de la construction et de l'usage de l'usine ; elle fixe aussi la redevance annuelle à payer.

3. Les dispositions des articles précédents ne porteront aucun préjudice aux propriétaires actuels, pour les usages, constructions et droits dont ils jouissent à titre légitime, en vertu des lois ou coutumes locales existantes.

4. Aucune concession nouvelle ne peut être accordée au préjudice d'autrui : les intérêts des investitures antérieures sont toujours soigneusement respectés.

A cet effet, une demande étant présentée et publiée, on entend les intéressés, et l'on recueille, avant d'accorder la concession, les observations justes et opportunes. Un règlement en détermine la forme.

5. Il n'est permis, sous aucun prétexte, de faire, sans la permission expresse du gouvernement, quelque modification ou changement que ce soit aux orifices réglés (*bocche*) ou écluses stables.

6. Dans les dérivations à orifices et écluses mobiles, tout travail doit être approuvé par l'ingénieur en chef du département. Celui-ci en rend compte à la direction.

7. Les ingénieurs en chef sont chargés de veiller sur les eaux du domaine public, afin que l'usage de celles concédées pour irriga-

tions ou pour service d'usine, ait lieu d'après les pactes, obligations et conditions imposées dans les investitures, concessions, etc.

8. A cet effet, ils ont un registre sur lequel sont copiées lesdites concessions, investitures, etc.

9. Si celui qui a droit à une prise d'eau, introduit quelque abus ou commet quelques fautes, l'ingénieur en chef peut faire rétablir par ses agents, et sans autre formalité, les choses dans leur état ancien et normal, aux termes des conditions desdites investitures ou concessions, mais en donnant avis à la direction.

10. Quand les contestations en matière d'eau n'ont pour objet que les intérêts des particuliers, on a recours, comme par le passé, pour les terminer, aux tribunaux compétents.

11. Lorsque l'intérêt public s'y trouve mêlé, elles sont du ressort de l'administration.

DÉCRET DU 20 MAI 1806, RÉGLANT LES SOCIÉTÉS D'INTÉRESSÉS DANS LES COURS D'EAU ET AMÉLIORATIONS.

ORGANISATION DES SOCIÉTÉS.

1. Les fonds qui jouissent du bénéfice d'un cours d'eau forment une circonscription.

2. Tous les propriétaires de terres placées dans cette circonscription forment une société.

3. Si l'étendue et l'état d'un canal l'exigent, son cours peut être divisé en plusieurs tronçons ou sections. Chaque section a sa circonscription, et chaque circonscription sa société.

4. Chaque société est représentée par une délégation.

5. Le nombre des délégués est fixé par la direction générale, en raison des besoins de la circonscription.

6. Dans chaque circonscription, les intéressés nomment, au scrutin secret, les membres de la délégation ; à cet effet, la préfecture

convoque les intéressés, en désignant le lieu et le jour. L'assemblée est présidée par le préfet, le sous-préfet, ou par quelqu'un désigné par eux.

Si le nombre des membres présents n'atteint pas le tiers des intéressés, ceux qui assistent choisissent les délégués sur une liste triple, comprenant les noms des plus forts intéressés.

7. Tous les deux ans, on renouvelle un délégué. Le sort décide, pour la sortie de charge, entre les premiers élus; lorsque les premiers élus auront tous subi le renouvellement, on sortira par rang d'ancienneté.

Le délégué sortant est indéfiniment rééligible.

8. La délégation a un président dont les fonctions durent une année. La présidence passe successivement à chacun des délégués. Parmi les premiers élus, la majorité des votes obtenus lors de l'élection décide; pour les autres, on se règle sur l'ancienneté.

9. La délégation fixe les jours de ses séances ordinaires. Le préfet, le sous-préfet et le président de la délégation peuvent, s'il en est besoin, la convoquer extraordinairement. Dans le cas où l'assem blée n'aurait désigné aucun autre de ses membres à cet effet, le président fait exécuter les délibérations.

10. Les attributions de la délégation sont : la surveillance des canaux, des constructions hydrauliques et des digues établies tant sur les cours d'eau eux-mêmes que sur leurs dérivations, existant dans la circonscription; l'entretien des uns et des autres, et l'expédition des mandats de dépenses qui y ont trait.

11. Elle délibère sur les affaires de sa compétence, à la pluralité absolue des votes.

12. Lorsqu'il s'agit de projets nouveaux intéressant la circonscription, tels que creusement de canaux nouveaux, élargissement ou prolongation d'un canal ancien, construction de nouvelles écluses et de siphons passant sous les rivières, ou autres travaux emportant dépenses extraordinaires, les intéressés sont convoqués, et d'après le mode indiqué à l'article 8, nomment autant de délégués extraordinaires qu'il y a de délégués ordinaires.

13. La réunion des anciens et des nouveaux délégués forme une délégation extraordinaire, qui délibère sur les travaux proposés et sur leur exécution.

14. Le résultat des délibérations de la délégation extraordinaire est soumis à la direction générale, dont l'approbation est nécessaire. Les travaux et les moyens proposés étant approuvés par l'autorité supérieure, la délégation ordinaire procède à leur exécution.

15. Les dispositions des articles 12 et 13 sont appliquées aussi, dans le cas prévu par l'article 55 du décret royal du 6 mai 1806, tant en ce qui concerne l'initiative du préfet, que pour satisfaire aux engagements contractés avec le trésor public.

16. Chaque délégation a un comptable et un caissier.

17. Dans les circonscriptions qui ont des intéressés étrangers à l'État, on observe les conventions et les coutumes en vigueur.

18. Dans le cas de nouvelles améliorations à tenter par desséchement ou par colmatage, les circonscriptions et les sociétés se forment suvant les règles établies par les articles précédents.

GARDE DES CANAUX, PRISES D'EAU ET DIGUES APPARTENANT A LA CIRCONSCRIPTION.

19. Pour les canaux, écluses et digues d'une circonscription, il y a autant de gardes que la délégation juge à propos d'en nommer.

20. La délégation prescrit les instructions pour la garde régulière de ces objets.

21.– Tous les trois ans, et même plus souvent, si besoin est, l'ingénieur ordinaire visite tous les cours d'eau de son département, vérifie, d'après les poteaux indicateurs, l'état d'atterrissement, prend note des besoins, désordres ou abus ; propose à la délégation les travaux à faire, en informe l'ingénieur en chef, qui en fait part à la direction. Si la délégation se refuse à faire les travaux, l'ingénieur ordinaire en fait rapport à l'ingénieur en chef qui le transmet, avec ses observations et son parère, à la direction, laquelle prend une détermination supérieure. Dans cette visite, on reconnaît également l'état des nouvelles améliorations foncières.

22. Dans les moments de plein ou de crue extraordinaire, s'il est besoin d'une garde spéciale et momentanée pour quelques digues confiées aux soins de la délégation, celle-ci est tenue d'y pourvoir selon les besoins et les coutumes des localités.

Législation prussienne.

LOI SUR LES IRRIGATIONS, PROMULGUÉE EN 1843.

1. DE LA JOUISSANCE DES COURS D'EAU PRIVÉS.

1. Chaque riverain d'un cours d'eau privé (source, ruisseau, rivière ou étang à eau courante) peut s'en servir à son passage, pour son avantage personnel et sous les conditions prévues par les articles 13 et suivants de la présente loi, à moins que ce cours d'eau ne soit la propriété d'un tiers, ou que les lois provinciales, statuts locaux, ou des titres constituant des droits spéciaux ne motivent une exception.

Les lois rendues sur la jouissance de l'eau nécessaire au roulement des moulins et autres usines, sur les droits de pêche et de flottage, sont maintenues en tant que la présente n'y déroge.

2. Le droit de puiser de l'eau dans un cours d'eau privé et d'y abreuver le bétail appartient à chacun lorsque des places publiques ou des chemins en bordent le rivage.

3. L'eau qui a servi à l'usage des ateliers de teinture, tanneries, fouleries et autres établissements, ne peut être déversée dans un cours d'eau, si la pureté de l'eau nécessaire aux besoins de la contrée en est diminuée, ou s'il en résulte un autre inconvénient.

L'autorité chargée de la police statue en cas de contestation.

4. Il est défendu de jeter et de rouler des pierres, de la terre et d'autres matériaux dans le lit des cours d'eau ; cependant, si l'on ne peut se dispenser de recourir à ces opérations, l'administration les autorise si le libre écoulement des eaux n'en est pas

empêché, et si les inconvénients prévus par l'article 3 n'en résultent pas.

5. L'autorisation de conduire du sable et de la terre dans le lit des cours d'eau, ou de les en extraire pour faciliter le nivellement des prairies, est accordée seulement si le flottage et la navigation dans les rivières qui font partie du domaine public, et si les riverains inférieurs n'en éprouvent pas de préjudice.

6. L'établissement d'un routoir peut être défendu, si l'insalubrité ou les inconvénients prévus par l'article 4 en étaient la conséquence.

7. S'il n'y a coutume ou titre contraire, le curage des cours d'eau est à la charge des riverains. L'administration prescrit cette opération lorsqu'elle la juge necessaire, et, en cas de contestation, jusqu'à décision contraire, le curage est provisoirement exécuté par les riverains.

.   .   .   .

2. DISPOSITIONS SPÉCIALES RELATIVES AUX DROITS DES RIVERAINS.

13. Le droit qui appartient, à chaque riverain, de jouir de l'eau courante à son passage, est limité par les règles qui suivent :

1° Ce riverain ne peut pas faire refluer les eaux au delà des bornes de son héritage et inonder les propriétés voisines.

2° L'eau détournée doit être rendue au cours d'eau à la sortie de son fonds.

Les propriétés de plusieurs riverains qui se sont entendus pour l'exercice de ce droit sont considérées comme formant une seule pièce et elles sont soumises aux mêmes obligations.

14. Si les héritages des deux rives appartiennent à des propriétaires différents, chaque riverain a droit de jouir de la moitié des eaux.

15. Le riverain peut concéder à un tiers son droit de jouissance des eaux ; les règles qui fixent cette jouissance sont applicables au cessionnaire.

16. Les propriétaires des moulins et usines établis avec autorisation du Gouvernement, et qui existeront au moment de la publication de la présente loi, ont droit de former opposition à l'éxécution des

travaux que le riverain, en conformité des articles 1er et 13, mais seulement dans les cas suivants, entreprend pour la jouissance des eaux :

1° Lorsque le volume d'eau concédé par un titre, soit qu'il s'agisse de la totalité ou d'une partie déterminée, éprouve une diminution ;

2° Lorsque l'eau dérivée, pour l'irrigation, met obstacle au roulement de l'usine.

Quiconque, à l'avenir, établira ou agrandira une usine, sans une autorisation spéciale donnée à cet effet, sera privé du droit de se pourvoir par opposition.

17. Celui qui a un droit de pêche ne peut s'opposer à l'exécution des travaux d'irrigation; mais, s'il éprouve un préjudice il lui est dû une indemnité.

18. Le riverain peut exécuter des travaux d'irrigation sans autorisation préalable.

Il réclame l'intervention de l'administration, s'il veut avoir connaissance des oppositions et des demandes en indemnité auxquelles peuvent donner lieu :

1° Les travaux projetés ou exécutés, et la dérivation de l'eau nécessaire aux irrigations;

2° La cession ou la restriction du droit d'un tiers exigée, l'exécution de travaux nécessaires à une nouvelle prise d'eau, ou à la conservation de celle existante.

19. Lorsque cette intervention est demandée en conformité de l'article 18, le projet d'irrigation, ainsi que le plan des lieux et des nivellements, sont rendus publics, et déposés chez le juge de paix du canton dans lequel le fonds destiné à l'irrigation est situé.

Si ce fonds s'étend sur plusieurs cantons, l'administration désigne le juge qui doit diriger la procédure d'expropriation.

20. Publication de ce projet et du dépôt est faite, à trois reprises, dans les feuilles publiques des districts traversés par le cours d'eau, et dans lesquels les travaux doivent être exécutés. Elle mentionne le prétoire du juge où le plan est déposé, et invite ceux qui ont une opposition ou une demande en indemnité à faire valoir à en donner connaissance au juge de paix, dans les trois mois à partir du jour où la première publication a eu lieu.

Cette publication rappelle, en outre, que les parties intéressées qui laissent écouler ce délai sont déchues, lorsqu'il s'agit de la dérivation de l'eau nécessaire à l'irrigation, du droit de former opposition et de demander une indemnité, et, lorsqu'il s'agit de la cession d'un terrain, qu'elles ne peuvent s'opposer à l'exécution, et que leur droit se réduit alors à une action en indemnité.

21. Après l'expiration du délai fixé par l'article 20, les pièces sont remises à l'administration, qui, lorsque les formalités prescrites sont remplies, prend un arrêté par lequel elle réserve les droits de ceux qui ont fait leurs réclamations en temps utile, et prononce la déchéance des autres ayants droit. Nul ne peut être relevé de cette déchéance. Une expédition de cet arrêté est fournie aux demandeurs, qui supportent les frais de cette procédure.

22. Les autorités compétentes statuent, si le titre relatif à la jouissance des eaux est contesté.

23. Dans le cas prévu par l'article 22, et notamment s'il y a contestation sur ce fait, que, par l'établissement projeté, le volume d'eau nécessaire au roulement d'une usine existante à l'époque de la promulgation de la loi doit être diminué, l'administration décide.

Le pourvoi au ministre de l'intérieur, contre cette décision, est réservé aux parties ; il doit être formé, sous peine de déchéance, dans les six semaines qui suivent la publication de la décision.

24. Dans le cas prévu par l'article 18, paragraphe 2, l'intervention de l'administration ne peut être demandée que si l'amélioration projetée présente un avantage notable, et si le demandeur s'oblige à payer une juste indemnité.

25. Si les conditions prescrites par l'article 24 sont remplies, le riverain peut demander,

1° Sur le fonds d'autrui, l'exécution des travaux nécessaires à l'irrigation, à titre de servitude légale, lorsqu'ils ne peuvent être établis sur son héritage ;

2° La jouissance de la rive opposée pour la construction et l'appui d'un barrage ;

3° L'affranchissement de l'obligation prescrite par l'article 13, paragraphe 1er ;

4° La restriction du droit de prise d'eau qui appartient au propriétaire d'une usine.

Dans le cas prévu par le paragraphe 1ᵉʳ du présent article, le propriétaire qui ne veut pas souffrir une servitude sur son fonds peut exiger que la partie du terrain nécessaire aux travaux d'irrigation soit achetée par le demandeur qui est tenu de l'acquérir. Ce droit ne peut être exercé, par le propriétaire, que dans les trois mois à partir du jour où il a eu connaissance de la demande du riverain.

26. Dans le cas prévu par le paragraphe 2 de l'article 25, le propriétaire de la rive opposée peut opter, ou pour une juste indemnité, ou pour la jouissance de la moitié des eaux ; s'il opte pour l'indemnité, ou s'il ne fait pas de déclaration dans le délai de trois mois, il perd son droit à la jouissance de l'eau ; dans le cas contraire, il est tenu de payer la moitié des frais de construction du barrage.

27. Dans les cas prévus par les articles 24 et 25, l'administration décide si la cession ou la restriction d'un droit est obligatoire, et sous quelles conditions elle doit être faite. Les règles tracées par l'article 23 sont applicables à cette décision.

28. La décision du Gouvernement est nécessaire lorsque la demande de la cession ou de la restriction d'un droit est plus étendue que l'expropriation autorisée par l'article 25.

29. Les demandes autorisées par l'article 18, paragraphe 2, sont adressées au Gouvernement avec un plan des lieux et des nivellements, et un rapport d'un homme de l'art ; elles doivent contenir la déclaration que le demandeur est prêt à supporter les frais de toutes les mesures que l'autorité jugera nécessaires, et de payer une indemnité aux parties à exproprier.

30. Le Gouvernement, saisi d'une pareille demande, nomme, si le projet lui paraît admissible, des commissaires pour faire la vérification des lieux, en présence du juge de paix du canton.

31. Les commissaires examinent, en présence des parties intéressées, si une amélioration notable pour la culture des prés doit résulter de l'adoption du projet, et s'ils sont d'avis qu'il y a lieu de l'adopter, ils vérifient les autres faits indiqués dans la demande, ainsi que le mérite des oppositions.

32. Lorsque, pour la dérivation des eaux, le riverain demande leur passage sur un fonds appartenant à autrui, les commissaires vérifient si le passage est nécessaire et sur quelle étendue il doit être pratiqué, s'il y a lieu de construire des ponts, des clôtures, etc., et si ceux existants doivent être conservés pour garantir le propriétaire de tous dommages sur la partie du fonds qui reste en sa possession.

33. Lorsque le riverain demande à appuyer un barrage sur la rive opposée, les commissaires désignent le lieu le moins dommageable et le plus convenable à l'entreprise projetée.

34. Lorsqu'il s'agit de restreindre le droit de jouissance des eaux qui compète à des propriétaires d'usines, les commissaires examinent quelle doit être, pour assurer le succès de l'entreprise, l'étendue de cette restriction.

35. Si la prise d'eau projetée a pour conséquence d'enlever, à une usine, une partie de l'eau nécessaire à son roulement, dans l'état où elle se trouve, les commissaires sont tenus de prendre pour règle que l'usinier ne peut jamais être forcé de consentir au changement des machines intérieures de son établissement, mais seulement à une construction plus rationnelle des barrages, vannes et coursiers.

La possibilité d'une construction plus rationnelle est vérifiée par les commissaires, qui émettent leur avis à cet effet ; les frais de cette construction, ainsi que la portion des dépenses d'entretien excédant ce que celles-ci étaient antérieurement, sont à la charge des riverains qui en profitent ; si, par suite de ce changement, ces dépenses d'entretien sont plus considérables qu'autrefois, cette portion des frais sera convertie en une rente annuelle, payable au propriétaire de l'usine.

36. Les commissaires peuvent ordonner toutes les mesures qu'ils jugent utiles à l'entier accomplissement de leur mission. Si ces travaux préparatoires ne peuvent être faits sans passer sur le fonds d'autrui, les propriétaires sont obligés de souffrir ce passage, moyennant indemnité pour le dommage causé.

37. Les commissaires ont aussi pour mission de faciliter sur tous les sujets contentieux, entre les parties, les conventions amiables.

38. Ils rédigent un projet pour l'exécution et l'exercice de la prise d'eau, le soumettent aux observations des parties, et l'adressent enfin au Gouvernement, avec un rapport qui fait mention spéciale de tous les chefs de contestation.

39. Ce projet contient tous les renseignements qui intéressent l'utilité générale et l'intérêt privé, ainsi que l'indication des mesures nécessaires à la surveillance des travaux d'irrigation.

40. Le Gouvernement, en tenant compte des motifs énoncés par les commissaires, décide de l'admission du projet et de la pertinence des griefs articulés : il indique les travaux qui sont à exécuter pour l'irrigation, ainsi que le mode de jouissance de la prise d'eau.

41. La décision fixe le délai dans lequel le projet doit être exécuté par les riverains, sous peine de nullité pour toutes les opérations terminées.

42. La décision ainsi que le projet des commissaires sont portés à la connaissance des parties intéressées ; chacune d'elles peut se pourvoir d'après les règles prescrites par les articles 23 et 27.

43. Après la décision définitive sur la cession ou la restriction d'un droit, le Gouvernement fait estimer, en présence des parties intéressées, et par trois experts qu'il désigne à cet effet, l'indemnité qui est due, et la fixe définitivement par un arrêté, en ajoutant 25 pour cent au chiffre de cette estimation ; cet arrêté est notifié aux parties intéressées. Les frais d'expertise sont à la charge des riverains qui profitent de la mesure adoptée.

44. La partie qui, ayant droit à l'indemnité, n'est pas satisfaite de la somme fixée, y compris le quart en sus, a un délai de six semaines, à partir du jour de la notification de l'arrêté, pour se pourvoir en appel. L'autorité saisie fixe définitivement l'indemnité, après avoir vérifié l'estimation des experts et pris au besoin d'autres bases ; cette fixation ne donne ouverture à aucun autre pourvoi. L'appel fait perdre tout droit à l'addition de 25 pour cent, et l'autorité qui décide ne doit établir que le chiffre vrai du dommage causé.

Le droit d'appeler n'appartient jamais aux riverains.

45. Le prix demandé pour indemnité est indiqué dans l'acte d'appel par un chiffre déterminé.

Les frais d'appel restent à la charge de l'appelant, si l'indemnité fixée n'est pas supérieure à la somme réglée par le Gouvernement y compris l'augmentation de quart en sus.

Si l'appelant obtient toute la somme qu'il a demandée, ces frais sont supportés par les riverains. Si la totalité de cette somme n'est pas allouée à l'appelant, et si cependant l'indemnité est supérieure au chiffre indiqué d'abord par le Gouvernement, les dépens sont compensés, dans la même proportion, entre les deux parties.

46. Après la fixation définitive de l'indemnité, le demandeur peut renoncer au projet en prenant à sa charge tous les frais que l'appelant aurait eus à supporter.

47. La perception et le payement de l'indemnité sont faits par les agents du Gouvernement.

48. Tous les actes faits en conformité des articles 18, 43 et 47 sont dispensés du timbre et de l'enregistrement.

Les déboursés seuls sont portés en compte.

Les droits sont dus dans les cas prévus par les articles 22 et 44.

49. L'exécution des travaux ne peut commencer qu'après le payement ou la consignation de la somme due pour indemnité ; s'il y a appel, le Gouvernement peut autoriser cette exécution, dans le cas où le demandeur fournit caution pour l'indemnité fixée par l'administration.

50. Lorsque l'opposition, fondée sur un titre, donne lieu à une contestation judiciaire, l'exécution de l'entreprise peut être autorisée par le Gouvernement, si le riverain offre caution.

L'administration statue sur la réception de la caution, après avoir entendu l'opposant.

.   .   .   .

.   .   .   .

3. ASSOCIATIONS POUR DES TRAVAUX D'IRRIGATION.

53. Lorsque les travaux nécessaires à la jouissance des eaux profitent à tout un canton et qu'ils ne peuvent être exécutés et entretenus que par un concours commun, les parties intéressées peuvent

être obligées à l'exécution et à l'entretien des travaux nécessaires : elles sont, dans ce cas, réunies par une ordonnance royale en une association particulière.

54. Après avoir entendu les parties intéressées en leurs observations, le Gouvernement fixe les règles de l'association et détermine,

1° L'étendue de l'entreprise commune et la base d'après laquelle il y a lieu de procéder ;

2° La répartition des sommes et des prestations nécessaires à l'exécution et à l'entretien de la prise d'eau, dans la proportion des avantages qu'en doit retirer chaque intéressé ;

3° Les règles particulières à chaque association.

Lorsque, d'un commun accord entre tous les intéressés, une association s'est formée, le ministre de l'intérieur peut approuver ses statuts sans les modifier, et consentir immédiatement à leur mise à exécution.

55. Le ministre de l'intérieur adresse, à l'administration, des indications plus précises sur la formation et le règlement de pareilles associations.

56. Les associations qui existaient déjà avant la promulgation de la présente loi, avec l'autorisation du Gouvernement, continueront de se conformer à leurs statuts, tant qu'il ne sera pas procédé à leur révision par les voies légales.

FIN.

TABLE DES MATIÈRES.

APPENDICE.

CATALOGUE

DE LA

LIBRAIRIE AGRICOLE

DE LA MAISON RUSTIQUE.

DUSACQ, RUE JACOB, N° 26, A PARIS.

Les ouvrages de notre fonds sont marqués d'un astérisque *.

Tous les ouvrages d'agriculture et d'horticulture
publiés à Paris et presque tous ceux publiés en France et à l'étranger
se trouvent à la *Librairie agricole*.
Les commandes au-dessus de 20 francs sont expédiées *franco*
et sans augmentation des prix marqués,
sur tous les parcours des Messageries Générales
et des chemins de fer.
On expédie aux mêmes conditions tous autres livres.

PARIS

DUSACQ, LIBRAIRIE AGRICOLE DE LA MAISON RUSTIQUE
rue Jacob, n° 26

JANVIER 1852

OUVRAGES D'OCCASION.

Animaux domestiques (*Histoire naturelle-agricole des*), *races de la Grande-Bretagne.* Texte de David Low, traduit de l'anglais et annoté par ROYER, inspecteur-général de l'agriculture, 1 fort vol. gr. in-4, orné de 56 grav. color.   78   »

Ancien Moniteur (*Réimpression de l'*). Seule histoire authentique et inaltérée de la Révolution française depuis la réunion des États-Généraux jusqu'au Consulat (mai 1789 —novembre 1799), avec des notes explicat. 32 vol. in-4. 250   »

L'ancien Moniteur est divisé comme suit :

Introduction au Moniteur, contenant un abrégé des anciens États-Généraux, des Assemblées des notables et des principaux événements qui ont amené la Révolution . . . .   1 vol.
Assemblée constituante, du 5 mai 1789 au 30 sept. 1791 . .   9
Assemblée législative, du 1ᵉʳ octobre 1791 au 20 sept. 1792.   4
Convention nationale, du 21 septembre 1792 au 4 brumaire an IV (26 octobre 1795). 12
Directoire exécutif, du 5 brumaire an IV (27 octobre 1795) au 19 brumaire an VIII (9 novembre 1799).   4
Tables.   2

32 vol.

Agriculture (*Cours complet d'*) théorique et pratique, ou Dictionnaire raisonné et universel d'agriculture; ouvrage rédigé sur le plan de celui de feu l'abbé ROZIER, par les membres de la section d'agriculture de l'Institut de France. 16 vol., avec gravures. Prix.   40   »

Agriculture (*Le théâtre d'*) et mesnage des champs, d'Olivier de Serres, seigneur du Pradel. 2 v. in-4., dem.-rel.   25   »

Cultivateur anglais (*Le*), ou Œuvres choisies d'agriculture, et d'économie rurale et politique; par Arthur YOUNG. 18 vol. in-8, demi-rel.   60   »

Flore française de LAMARCK et DE CANDOLLE. Descriptions succinctes de toutes les plantes qui croissent naturellement en France, disposées selon une nouvelle Méthode d'analyse, et précédées par un exposé des principes élémentaires de la botanique. 6 volumes in-8, avec 11 planches supplémentaires gravées et une carte botanique coloriée. Prix. 80   »

Pathologie (*Traité de*), *et de thérapeutique générale vétérinaire,* par RAINARD, professeur à l'école vétérinaire de Lyon. 2 vol. in-8, demi-reliure, chagrin rouge. Prix 12   »

BIBLIOTHÈQUE DU CULTIVATEUR

PUBLIÉE AVEC LE CONCOURS

DU MINISTRE DE L'AGRICULTURE.

***Agriculteur commençant** (*Manuel de l'*); par SCHWERZ, traduit par Villeroy, 3ᵉ édit. 1 v. in-12 de 332 pag. T. I. » 75

***Bêtes à cornes** (*Manuel de l'éleveur de*); par VILLEROY, 2ᵉ édit. 1 vol. in-12 de 420 pages, avec 42 gravures. T. II. » 75

***Biens affermés** (*Guide des propriétaires de*); par GASPARIN, 2ᵉ édit. In-12 de 384 pages. T. III. . . . . » 75

***Biens soumis au métayage** (*Guide des propriétaires de*); par GASPARIN. 2ᵉ édit. In-12 de 162 pages. T. IV. . . » 50

***Caisse d'épargne et de prévoyance.** *Lettres à un jeune laboureur;* par L. LECLERC, 3ᵉ édit In-12 de 60 p. T. V. » 25

***Comices et des propriétaires** (*Guide des*). par Jacq. BUJAULT. In-12 de 72 pages. T. VI. . . . . » 25

Les six volumes ensemble. 3 25

Par la poste. 6 50

GEORGES CUVIER.

***Anatomie comparée.** recueil de planches dessinées par GEORGES CUVIER ou exécutées sous ses yeux par M. LAURILLARD, publié sous les auspices de M. le ministre de l'instruction publique, et sous la direction de MM. LAURILLARD, conservateur du cabinet d'anatomie au Muséum d'histoire naturelle, et MERCIER, statuaire. Cette publication comprendra 336 planches qui paraîtront en 24 livraisons de 14 planches chacune, avec un texte explicatif.
Prix de chaque livraison. . . . . 14 »
Les 6 premières livraisons sont en vente.

DECAISNE

Membre de la section d'Agriculture de l'Académie des Sciences, professeur de culture au Jardin des Plantes.

***Bon Jardinier** (*Figures pour l'Almanach du*), contenant : 1° Principes de botanique; 2° Principes de jardinage, manière de marcotter, greffer, disposer et former les arbres fruitiers; 3° Construction et chauffage des serres; 4° Composition et ornement des jardins; 5° Hydroplasie; 6° Instruments et outils de jardinage; par DECAISNE, membre de l'Institut, professeur de culture, et HÉRINCQ, aide de botanique, au Jardin des Plantes. 16ᵉ édition, entièrement refaite,

ornée de 600 gravures sur bois et 45 planches gravées.
1 volume in-12 de 412 pages.   7   »

Garance (*Recherches anatomiques et physiologiques sur la*),
1 vol. in-4, avec 10 planches coloriées. 12   »

***Pommes de Terre** (*Maladie des*). In-8 de 128 pages. 2   50

DEZEIMERIS

Ancien représentant du peuple, membre du conseil général de la Dordogne.

***Conseils aux Agriculteurs** sur l'art d'exploiter le sol avec
profit, *et au Gouvernement* sur les moyens de relever notre
agriculture ; ou *Mélanges d'Economie rurale* et d'Economie
politique agricole. 3ᵉ édit. considérablement augmentée, 1 vol.
in-12 de 654 pages 5   »

***Guide des Cultivateurs** (*Le véritable*), ou Vie agricole de
Jacques Gouyer, dit le paysan philosophe, avec des notes.
2ᵉ édit. 1 vol. in-12 de 248 pages. 1   75

DE GASPARIN

Membre de la Section d'Agriculture de l'Académie des Sciences,
président de la Société centrale d'Agriculture,
ancien ministre de l'Agriculture et de l'Intérieur.

***Agriculture** (*Cours d'*). 5 vol. in-8, avec gravures. 37   50

***Biens ruraux affermés** (*Guide des propriétaires de*), conte-
nant l'examen des divers systèmes de fermage, l'évaluation
d'une ferme, l'estimation de la valeur des terres, la législation
des baux, leur forme, leur durée, et des modèles de baux,
1 volume in-12 de 384 pages. (Forme le tome III de la *Bibliothèque du Cultivateur*.). . . . . »   75

***Biens soumis au métayage** (*Guide des Propriétaires de*).
1 vol. in-12 de 162 pages. (Forme le tome IV de la *Bibliothèque du Cultivateur*.). . . . . »   50

***Garance** (*Culture de la*). 1 vol. in-8 de 132 pages. 1   75

***Olivier** (*Culture de l'*) 1 vol. in-8 de 114 pages.. . . 1   75

***Safran** (*Culture du*). In-8 de 36 pages. . . . . »   50

MATHIEU DE DOMBASLE

Annales agricoles de Roville. 9 volumes in-8. . . . 61   50
    Les tomes I, II, III, IV et VII, se vendent séparém. 7   50
    Les tomes V, VI, VIII, IX,   ——   6   »

Calendrier du bon Cultivateur, 9ᵉ édition. 1 volume in-12
de 866 pages, orné de 5 planches représentant 30 figures
d'instruments 4   75

OEuvres diverses. 1 vol. in-8 de 560 pages. 8   »

MAUNY DE MORNAY

Chef de la division d'Agriculture au Ministère de l'Agriculture et du Commerce.

Animaux domestiques (*Livre du propriétaire et éleveur d'*). 1 volume in-12. . . . . 2 50

Cultivateur (*Le livre du*). 1 volume in-12. . . . . 2 50

Économie *et Administration rurales* (*Livre de l'*). In-12. 2 50

Forestier (*Livre du*). 1 volume in-12 . . . . 2 »

***Irrigations en Italie et en Allemagne** (*Législation des*). 1 vol. in-8 de 166 pages. 3 50

Jardinier (*Livre du*). 2 volumes in-12 . . . . . . 4 »

Meunier (*Le livre du*), du négociant en grains et du constructeur de moulins. 1 volume in-12. . . . . 2 50

Sucre et raffineur (*Livre du fabricant de*). In-12. . 2 50

Vigneron (*Livre du*) et du *fabricant de cidre*. In-12. 2 »

———

Mme MILLET-ROBINET

Conseils aux jeunes femmes sur l'éducation de la première enfance. 1 volume in-18 de 324 pages. . . . . 3 »

*** Jardinier des fenêtres** (*Le*), *des Appartements et des Petits Jardins*, 3e édit. entièrement refaite. 1 vol. in-12 de 236 pages, avec gravures 1 75

***Maison rustique des Dames.** 2 volumes in-12, avec 120 gravures. . . . . 7 »

Cet ouvrage est divisé en quatre parties, contenant :
La première, la *Tenue du ménage*;
La seconde, le *Manuel de cuisine*;
La troisième, le *Traité de jardinage* et la *Direction de la ferme*;
La quatrième, l'*Hygiène* et la *Médecine domestique*.

***Oiseaux de basse-cour et de lapins** (*Manuel de l'éleveur d'*). 1 vol. in-12 de 200 pages, 2e édition. 1 75

———

MOLL

Professeur d'Agriculture au Conservatoire des Arts et Métiers, membre de la Société centrale d'Agriculture.

***Agriculture** (*Manuel d'*). 1 vol. in-12. . . . . . . 1 50

***Algérie** (*Colonisation et Agriculture de l'*). 2 volumes in-8, avec 100 gravures. . . . . 12 »

***Bestiaux** (*État de la production des*) *en Allemagne, en Belgique et en Suisse*. In-4 avec tableaux. 2 75

———

PUVIS

Ancien Député, correspondant de l'Académie des Sciences, président de la Société d'Agriculture de l'Ain.

***Amendements** (*Traité des*); 1re partie, *Marne*; 2e partie, *Chaux*; 3e partie, *Diverses espèces d'amendements*. 1 vol. in-12 de 750 pages. 2e édition . . . . 5 »

Amendements (*De quelques*) *ou engrais nouveaux;* par A. Puvis. In-8 de 26 pages . . . . » 60

Eaux en agriculture (*De l'emploi des*). 1 vol. in-8 de 560 pages et un plan. . . . . 5 »

Endiguement des cours d'eau (*De l'*), in-8 de 96 p. . 1 50

Endiguement des cours d'eau (*Mémoire sur l'*). Brochure de 44 pages in-4 à 2 colonnes. 1 50

Étangs (*Des causes et des effets de l'insalubrité des*), de la nécessité et des moyens d'arriver à leur desséchement; par A. Puvis. In-8 de 60 pages. . . . . 1 »

Irrigations (*Des dispositions légales nécessaires pour faciliter les*). In-8 de 28 pages. . . . . » 75

Vigne (*Culture de la*) et fabrication du vin. 1 vol. in-8 de 318 pages. 3 50

ROYER

Membre de la Société centrale d'Agriculture, inspecteur général de l'Agriculture.

***Agriculture allemande** (*L'*), ses écoles, son organisation, ses mœurs et ses pratiques les plus récentes. 1 volume grand in-8 de 542 pages. 7 50

***Crédit foncier** (*Des Institutions de*) en Allemagne et en Belgique. 1 vol. grand in-8 de 488 pages. 7 50

Statistique agricole de la France. 1 vol. in-8 de 472 pages, avec atlas. . . . . 12 »

DE SAULCY,

Membre de l'Académie des Inscriptions et Belles-Lettres.

***Révolution de 1848** (*Souvenirs numismatiques de la*), recueil complet des médailles, monnaies et jetons qui ont paru en France depuis le 24 février jusqu'au 20 décembre 1848. 1 beau volume grand in-4 cartonné, contenant 112 pages de texte et 60 planches gravées. . . . . . 12 »

I.—AGRICULTURE.

Agriculture pratique (*Cours complet d'*); par Burger, Rholwes et Ruffing, traduit de l'allemand par Noirot; augmenté d'un traité de la culture des mûriers et de l'éducation des vers à soie, par Bonafous. In-4, fig. . . 10 »

Agriculture (*De l'*) en France, d'après les documents officiels; par Mounier et Rubichon. 2 volumes in-8. . . . . 15 »

Agriculture du centre. Ouvrage où l'on enseigne le moyen de supprimer la jachère et de créer rapidement une grande quantité de fourrages dans les sols siliceux de la plus mauvaise nature; par Cancalon. In-8 de 172 pages. 2 50

Agriculture (*Petit Traité élémentaire d'*); par Berthereau de la Giraudière. In-18 de 250 pages. . . . . 1 »

***Algérie** (*Colonisation et Agriculture de l'*); par Moll, professeur d'agriculture au Conservatoire des Arts et Métiers. 2 volumes in-8, avec 100 gravures. . . . . . . 12 »

Agriculture (*de l'*) en *Sologne*; par Ch. Joubert, cultivateur-agronome, et Isaac Chevalier, cultivateur-propriétaire. 1 vol. in-8. Prix. . . . . 5 »

***Almanach du cultivateur et du vigneron** (1852); par les Rédacteurs de la *Maison rustique*, 9e année. . . » 75
Les années 1844 à 1851, chacune . . . . . . » 75

Amendements (*Traité des*); par Puvis. 1re partie, *Marne*; 2e partie, *Chaux*; 3e partie, *Diverses espèces d'amendements.* 2e édition. 1 vol. in-12 de 750 pages. . . . . . 5 ».

Amendements (*de quelques*) ou *engrais nouveaux*; par A. Puvis. In-8 de 26 pages. . . . . » 60

Amendements (*Traité des*) et des engrais, par Joigneaux, Représentant du peuple. 1 vol. in-18 de 128 pages. » 75

Ampélographie universelle, *Traité des cépages* les plus estimés dans tous les vignobles de quelque renom; par Odart, 2e édition. 1 vol. in-8 de 500 pages. 7 50

***Animaux** (*Statique chimique des*), appliquée spécialement à la question de l'emploi du SEL; par Barral, ancien élève et répétiteur de l'École polytechnique. 1 volume in-12 de 552 pages. . . . . 5 »

***Arithmétique agricole**; par M. Lefour, ancien fermier, inspecteur général de l'agriculture. 1 vol. in-12 de 224 pages, avec gravures (forme le tome 1er du *Manuel du cultivateur*). 1 75

Annales agricoles de Roville; par Mathieu de Dombasle. 9 volumes in-8. . . . . 61 50

Apiculteur (*Guide de l'*); par Debeauvoys. 3e édition. 1 volume in-12 de 256 pages, avec figures. . . . . . 2 »

Assainissement des terres, voir *Drainage* et *Desséchement.*

Association agricole (*Histoire de l'*), et solution pratique; par Bonnemère. Ouvrage couronné par l'Académie de Nantes. In-12 de 166 pages. 1 50

Baux à ferme (*Traité pratique des*), avec des commentaires à la suite du texte; par Edmond DE SAINT-MARSAULT. 1 volume in-18. 2   »

*****Bestiaux** (*État de la production des*) en Allemagne, en Belgique et en Suisse; par MOLL. In-4, avec tableaux.   2   75

*****Bêtes à cornes** (*Manuel de l'éleveur de*); par VILLEROY. 1 volume in-12 de 420 pages avec 42 gravures. . . . .   »   75
Forme le tome II de la *Bibliothèque du Cultivateur.*

*****Bêtes à laine** (*Considérations sur les*), au milieu du XIXᵉ siècle, et notice sur la race de la Charmoise; par M. MALINGIÉ-NOUEL, directeur de la Ferme-École de la Charmoise. 1 vol. grand in-8, orné de 3 lithographies de Soulange-Tessier, d'après les dessins de Mˡˡᵉ Rosa Bonheur. Prix. . . .   3   »

Betteraves (*Traité pratique de la culture des différentes espèces de*), procédé pour les conserver par la dessiccation, etc., traduit de l'allemand par SARRAZIN. 1 volume in-8.   2   »

*****Biens-fonds** (*Manuel de l'estimateur de*); par NOIROT. 1 volume in-12 de 360 pages.   3   50

*****Biens ruraux affermés** (*Guide des Propriétaires de*); par DE GASPARIN. 1 volume in-12 de 384 pages. . . . .   »   75
Forme le tome III de la *Bibliothèque du Cultivateur.*

Biens ruraux (*Code manuel des propriétaires de*) et d'usines, des fermiers, etc.; par ÉMILE AGNEL, avocat à la Cour d'appel de Paris. 1 vol. in-12   3   50

*****Biens soumis au métayage** (*Guide des Propriétaires de*); par DE GASPARIN. 1 volume in-12 de 140 pages. . . . . .   »   50
Forme le tome IV de la *Bibliothèque du Cultivateur.*

*****Bière** (*Traité théorique et pratique de la fabrication de la*); par ROHART, chimiste manufacturier, ancien brasseur. 2 volumes in-8, avec 120 dessins dans le texte, et un projet de brasserie-modèle gravé sur pierre. 15   »

Blé (*Dix-huit millions d'hectolitres de*) pour rien, ou, conseils aux agriculteurs français, par JACQUIN aîné. in-8.   »   50

Bois (*Culture et exploitation des*); par J.-B. THOMAS. 2 volumes in-8. 15   »

*****Cadran du cultivateur** et de l'*Éleveur d'animaux domestiques*, au moyen duquel on peut se rendre compte immédiatement de l'époque de l'incubation chez les oiseaux domestiques et de la gestation des principales femelles domestiques (juments), indiquant la connaissance de l'âge des animaux, *le système Guénon*, etc. Une feuille in-plano collée sur carton avec 23 gravures.   1   75

***** Caisse d'épargne et de prévoyance** (*La*), lettres à un jeune laboureur, par Louis LECLERC, 3ᵉ édit. In-12 de 60 p.   »   25
Forme le tome V de la *Bibliothèque du Cultivateur.*

Calendrier du bon Cultivateur; par MATHIEU DE DOMBASLE. 9ᵉ édition. 1 volume in-12 de 866 pages, orné de 5 planches représentant 30 figures d'instruments.   4   75

Cartes agricoles communales, topographiques, géologiques, parcellaires, culturales et statistiques, dressées d'après les explorations faites sur les lieux ; par J.-B. RICHARD et L. RICHARD DE JOUVANCE, ingénieurs géomètres.

En vente..
- **Commune de Trappes.**
- — **de Thiverval-Grignon.**
- — **de Dampierre.**
- — **de Wissous.**
- — **de Paray.**

Seine-et-Oise.

La collection statistique de chaque commune se compose de quatre cartes qui représentent spécialement : 1° la topographie, 2° l'état de la culture, 3° le classement du sol cultivé, etc., 4° la géologie (sous-sol). La carte topographique seule reste noire ; les trois autres sont entièrement coloriées. Prix de la carte noire. 2 » — Prix de la carte col. 6 »

*Chaux** (*La*), son emploi en agriculture ; par PIÉRARD. In-18 de 36 pages. . . . . » 50

Chaux (Voir *Amendements*).

Cheval (*De la conformation du*) suivant les lois de la physiologie et de la mécanique. — Haras, courses, types reproducteurs, etc. ; par RICHARD, représentant du peuple, ex-directeur de l'Ecole des haras. 1 vol. in-8 de 560 pag., avec pl. 8 »

Cheval (*Traité de l'extérieur du*) et des principaux animaux domestiques ; par J. LECOQ, professeur d'anatomie. 2ᵉ édition. 1 vol. in-8 Prix . . . . 10 »

*Chimie agricole** (*Précis élémentaire de*) ; par le Dʳ SACC, professeur à la faculté des sciences de Neufchâtel en Suisse. 1 vol. in-12 de 420 pages. 3 50

* **Colonies agricoles** (*Études sur les*) de mendiants, jeunes détenus, orphelins et enfants trouvés ; Hollande, Suisse, Belgique, France ; par MM. de Lurieu et H. Romand, inspecteurs-généraux des établissements de bienfaisance, etc. 1 vol. in-8 de 462 pages. 7 50

*Comices** (*Guide des*) et des propriétaires, par maître JACQUES BUJAULT, laboureur à Chaloue (Deux-Sèvres). Nouvelle édition, in-12 de 70 pages. . . . . » 25

Forme le tome VI de la *Bibliothèque du Cultivateur.*

*Comptabilité agricole** (*Traité de*), contenant : 1° l'exposition de la théorie des parties doubles, avec modèle du journal et du grand-livre ; 2° l'application de cette méthode à l'industrie agricole, avec journal et grand-livre ; 3° les modèles et explications des tableaux à ouvrir sur l'auxiliaire général, seul registre auxiliaire de la comptabilité agricole ; par Edmond DE GRANGES. 1 vol. in-8 de 320 pages. . . . 5 »

*Comptabilité agricole** (*Agenda de*), ou Registre comptable, à l'aide duquel les propriétaires et cultivateurs peuvent connaître journellement leur dépense et leur recette, par JOUBERT. In-4, avec instruction in-12 . . . . 3 »

***Comptabilité agricole** (*Petit traité de*) *en partie simple*; par Edmond DE GRANGES. 1 volume in 8 de 80 pages, avec tableaux. 1 75

**Auxiliaire général*, registre pour la comptabilité agricole. La main de 24 feuilles in-folio réglées. 2 50
La main de 24 feuilles in-4 réglées. 1 25

*** Congrès central d'agriculture**, Compte rendu et procès-verbaux des séances, publiés par la commission administrative du Congrès. In-8. Les années 1844, 1845 et 1846, chaque, 3 fr. 50. — Les années 1847 et 1848, chaque, 2 fr. — L'année 1850. . . . . 3 »
— L'année 1851. . . . . 3 50

*** Conseils aux agriculteurs** sur l'art d'exploiter le sol avec profit *et au Gouvernement* sur les moyens de relever notre agriculture; ou *Mélanges d'Economie rurale* et d'Economie politique agricole ; par DEZEIMERIS; 3ᵉ édit. considérablement augmentée. 1 vol. in-12 de 654 pages. . . . . 5 »

'Cours d'Agriculture; par DE GASPARIN, de l'Académie des sciences, ancien ministre de l'Agriculture, 5 volumes, in-8, avec gravures 37 50

Courses (*Des*) considérées comme moyen de perfectionner le cheval de service et de guerre, par Richard. In-12 de 24 pages. . . . . » 50

***Crédit agricole** (*Lettre sur le*); par LANGLOIS. . . . . » 50

Crédit agricole en France (*Organisation du*), par BRETON. 1 vol. in-8 de 100 pages . . . . 1 »

***Crédit foncier** (*Des Institutions de*) en Allemagne et en Belgique ; par ROYER, inspecteur général de l'agriculture. 1 volume grand in-8 de 488 pages. 7 50

***Crédit foncier et agricole** (*Des institutions de*) dans les divers États de l'Europe ; par J.-B. JOSSEAU. Nouveaux documents publiés par ordre du ministre de l'agriculture. 1 vol. in-8° de 564 pages. 7 50

Cultivateur (*Manuel du*), à l'usage des fermes-écoles et des établissements d'instruction ; par M. LEFOUR, ancien fermier, inspecteur général de l'agriculture; 1ᵉʳ vol. — *Arithmétique agricole*. 1 vol. in-12 de 224 pages, avec gravures. 1 75

Cultivateur (*Registre du*), ou Livre complet de tous ses comptes pour l'année 1851, suivi d'un Calendrier du fermier ou indication des travaux à effectuer mois par mois; par THACKERAY. In-folio de 106 pages. . . . . 5 »

Desséchement et assainissement des terres. *Machines agricoles* représentant les machines approuvées par les Sociétés d'agriculture d'Angleterre; par THACKERAY. 2 br. in-8 de 44 pages. . . . . 1 »

Dictionnaire *général de médecine et de chirurgie vétérinaires*, et des sciences qui s'y rattachent ; par Lecoq, Rey, Tisserand, Tabourin, directeur et professeurs à l'École vétérinaire de Lyon. 1 vol. in-8 à 2 colonnes, de 1160 pages. Prix.. 15   »

Drainage des terres (*Du*) ; par M. de Saint-Venant, brochure de 16 pages in-8... » 50

Drainage (*De l'assainissement des terres et du*) ; par Naville. 1 vol. in-12 de 108 pages......................... 1   25

Drainage (*Philosophie et art du*) ; par Thackeray. In-8 de 96 pages... 2   50

Draineur (*Guide du*), traité pratique sur l'assèchement des terres ; par Stephens ; traduit par Faure, ingénieur civil. 1 volume in-8 de 418 pages, avec gravures........... 6   »

Eaux en agriculture (*De l'emploi des*) ; par Puvis. In-8 de 560 pages et un plan.. 5   »

Eaux (Voir *Irrigations*).

*Échalas** (*Plus d'*). *Échalas, paisseaux et lattes* (*Médoc*) *remplacés par des lignes de fil de fer mobiles*, établies au printemps et enlevées à l'automne ; par André-Michaux, membre correspondant de l'Institut. In-8, avec planches. » 40

Endiguement des cours d'eau (*De l'*), par Puvis. In-8 de 96 pages... 1   50

Endiguement des cours d'eau (*Mémoire sur l'*) ; par Puvis. Brochure de 44 pages in-4, à 2 colonnes............. 1   50

Engrais (*Traité critique et pratique du commerce, du contrôle et de la législation des*), par de Sussex, 1 vol. in-8 de 128 pages. Prix... 2   »

Enseignement de l'agriculture (*Guide de l'*), considérée comme profession et envisagée dans son ensemble ; par Thaer, traduit par Sarrazin. 1 vol. in-12 de 216 p.   2   50

Enseignement agricole (*De l'organisation de l'*) *en France* ; par J.-N. Fabre. In-8 de 52 pages................. 1   »

Etangs (*Des causes et des effets de l'insalubrité des*), de la nécessité et des moyens d'arriver à leur desséchement ; par A. Puvis. In-8 de 60 pages.................................. 1   »

Étangs (*De la conservation et de l'assainissement des*), par de Saint-Venant. In-8 de 30 pages, avec planches.   1   »

France (*La*) **et l'Angleterre** comparées sous le rapport des industries agricole, manufacturière et commerciale ; par Catineau-la-Roche. 1 volume in-8................... 5   »

*Froments** (*Essai d'un catalogue méthodique et synonymique des*) qui composent la collection de L. Vilmorin. in-8 de 44 pages.. 2   50

Fumier (*Production et emploi du*), par Charles d'Arcel, brochure de 12 pages.. » 15

Fumier de basse-cour (*Observations sur le*), les Engrais artificiels, la Construction des Granges et le Labourage profond; par THACKERAY. 1 vol. in-8 de 104 pages. 2   "

Fumier de ferme élevé à sa plus haute puissance de fertilisation et n'étant plus insalubre; par QUÉNARD. In-8 de 46 pages. 1 25

*Garance (*Culture de la*); par DE GASPARIN. In-8 de 132 pages. 1 75

Géomètre (*Guide du*) pour les opérations d'arpentage et le rapport des plans; suivi d'un Traité de topographie et de nivellement; par GOULARD-HENRIONNET, ex-géomètre du cadastre. 1 vol. in-8 et atlas 10   "

*Grêle (*De la*) et des moyens d'en combattre les effets, par LATERRADE, 2ᵉ édition, in-8 de 64 pages. 1 25

*Guide des Cultivateurs (*Le véritable*), ou Vie agricole de Jacques Gouyer, dit le paysan philosophe, avec des notes; par DEZEIMERIS, 2ᵉ édit. 1 vol. in-12 de 248 pages. 1 75

Hygiène vétérinaire appliquée (*Traité d'*), études des règles d'après lesquelles il faut diriger le choix, le perfectionnement, la multiplication, l'élevage, l'éducation du cheval, de l'âne, du bœuf, du mouton, de la chèvre. du porc, etc.; par MAGNE, professeur à l'école d'Alfort. 2 volumes in-8 12   "

*Irrigateur (*Manuel de l'*); par VILLEROY et ADAM MULLER, cultivateurs. Suivi du *Code des irrigations;* par BERTIN, avocat à la Cour d'appel de Paris. 1 vol. in-8 de 384 pages avec 121 figures. 5   "

Irrigations (*Traité théorique et pratique des*) envisagées sous les divers points de vue de la production agricole, de la science hydraulique et de la législation; par NADAULT DE BUFFON, ingénieur en chef chargé du service des irrigations, dessèchements, et membre de la Société centrale d'agriculture. 3 volumes in-8, et atlas de 26 pl. in-4. 39   "

*Irrigations en Italie et en Allemagne (*Législation des*); par MAUNY DE MORNAY, chef de la division de l'agriculture au ministère du commerce. 1 vol. in-8 de 166 pag. 3 50

Irrigations (*Des dispositions légales nécessaires pour faciliter les*); par PUVIS. In-8. de 28 pages. . . . . " 75

*Journal d'Agriculture pratique et de Jardinage, fondé par le Dᵣ BIXIO et publié sous la direction de M. BARRAL, ancien élève et répétiteur de l'École polytechnique, par les rédacteurs de la *Maison rustique du XIXᵉ siècle*, paraît le 5 et le 20 de chaque mois en une brochure de 48 pages in-4, et contient les gravures nécessaires à l'intelligence du texte. Il rend compte de tous les instruments, expériences, publications qui intéressent l'agriculture et le jardinage; seul

**

entre tous les journaux du même genre, il indique les travaux à exécuter dans le jardin et dans la ferme, et publie trois Chroniques, Agricole, Horticole et Séricicole du plus haut intérêt pour les cultivateurs et les propriétaires. — *Tous les articles sont signés.*

Prix, *franco*, par an (janvier à décembre).... 12 »
Chaque volume antérieur à 1851........ 9 »
La 1re série (6 vol., juillet 1837 à juin 1843), au lieu de 72 fr., net............... 39 50
La 2e série (6 vol., juillet 1843 à décembre 1849), au lieu de 80 fr., net............ 39 50
La 3e série, 3 volumes (1850 et 1851)...... 21 »

Lait (*du*) et de ses emplois en Bretagne; par Gustave HEUZÉ, professeur d'agriculture à l'École régionale de Grignon. In-8 de 88 pages.................. 1 50

Lapin domestique (*Traité pratique de l'éducation du*) d'après la méthode de la Trappe; par ESPANET, religieux trappiste. In-18 de 224 pages.......... 1 50

Lapins (*Nouveau traité pratique de l'éducation des diverses espèces de*); par SÉGOUIN. 1 vol in-12 de 58 pages. » 80

Lapins (Voir *Oiseaux de basse-cour et Lapins*).

***Maïs** (*De la culture du*); par LELIEUR. In-12 de 68 p. » 75

***Maison rustique du XIXe siècle**, 5 vol. in-4, équivalant à 25 vol. in-8 ordinaires, avec plus de 2,500 gravures représentant tous les instruments, machines, appareils, races d'animaux, arbres, arbustes et plantes, serres, bâtiments ruraux, etc.; publiés, sous la direction de MM. BAILLY, BIXIO et MALEPEYRE, par MM Audouin, Bonafous, Héricart de Thury, Huzard, Payen, Puvis, Sylvestre, Tessier, de la section d'agriculture de l'Académie des sciences; Dailly, Debonnaire de Gif, Huerne de Pommeuse, Saint-Hilaire, Loiseleur, Michaud, Poiteau, Pommier, Soulange-Bodin, Vilmorin, de la Société centrale d'agriculture de Paris; Bouley, Renault, Yvart, professeurs à l'école vétérinaire d'Alfort; Grognier, professeur à l'école vétérinaire de Lyon; Noirot frères, de Dijon; Antoine, professeur à la ferme-école de Roville; Bella, directeur de l'institut agricole de Grignon; Leclerc-Thouin et Moll, professeurs d'agriculture au Conservatoire des arts et métiers; Ysabeau; de Rambuteau; de Gasparin, membre de l'Institut, ancien ministre de l'agriculture et de l'intérieur.

Le cinquième et dernier volume a paru; il traite de tout ce qui concerne le jardinage, et renferme 500 gravures. — Il n'y a pas d'agriculteur éclairé, pas de propriétaire qui ne consulte assidûment la *Maison rustique du XIXe siècle;* ce livre, expression la plus complète de la science agricole pour l'époque actuelle, forme à lui seul la bibliothèque du cultivateur.— *Tous les articles sont signés.*

Les cinq volumes (ouvrage complet)........ 39 50
Chaque volume, pris séparément.......... 9 »

***Maison rustique des Dames**; par Mme MILLET-ROBINET 2 volumes in-12, avec 120 gravures.   7   »

> Cet ouvrage est divisé en quatre parties contenant :
> La première, la *Tenue du ménage* ;
> La seconde, le *Manuel de cuisine* ;
> La troisième, le *Traité de jardinage* et la *Direction de la ferme* ;
> La quatrième, l'*Hygiène* et la *Médecine domestique*.

Marne (Voir *Amendements*).

***Mémoires de Cincinnatus Fenouillet**, *à la poursuite du progrès agricole*, par DE TRAVANET, 1 volume in-12 de 344 pages.   3   .

***Mûriers** (*Manuel du cultivateur de*); par CHARREL. 1 volume in-8 de 268 pages.   3   50

***Mûrier.** Comment on peut le cultiver avec succès dans le centre de la France; par DE CHAVANNES DE LA GIRAUDIÈRE. 1 volume in-8 de 128 pages, avec planches. . . .   1   75

Mûrier (*De la culture du*); par BOYER et DE LABAUME. 1 vol. in-8, contenant 3 gravures représentant les divers modes de taille, et les mûriers avant et après chaque taille.   3   .

Muscardine (*Études sur la*), maladie des vers à soie, faites à la magnanerie expérimentale de Sainte-Tulle ; par GUÉRIN-MENNEVILLE et Eugène ROBERT. 1 vol. in-8 de 186 pag.   3   .

Œuvres de Jacques Bujault, laboureur à Chaloue, près Melle, recueillies et précédées d'une Introduction, par Jules RIEFFEL. 1 vol. in-8 de 540 pages, avec gravures.   7   50

Œuvres diverses; par MATHIEU DE DOMBASLE. 1 vol. in-8 de 560 pages.   8   .

***Oiseaux de basse-cour** (*Manuel de l'éleveur d'*) et de **Lapins** ; par Mme MILLET-ROBINET. 2e édit., 1 vol. in-12 de 200 pag., avec gravures.   1   75

***Olivier** (*Culture de l'*); par DE GASPARIN. In-8 de 114 p.   1   75

Organisation du travail agricole; par JOIGNEAUX, représentant du peuple. In-18 de 31 pages. . . . .   »   25

Paysans (*Les*), ou *la Politique et l'Agriculture*. Ouvrage couronné au concours ouvert par M. de Cormenin devant la Société d'économie charitable; par Alix SAUZEAU. 1 vol. in-8 de 276 pages.   3   50

Pêcheur (*Manuel du*) *à la mouche artificielle*, suivi d'un résumé sur la *Pêche à la ligne*, par Ch. DE MASSAS, 1 volume in-12, avec gravures.   1   75

***Physiologie de la terre**, *Études géologiques et agricoles*; par DE TRAVANET. 1 vol. in-8 de 570 pages.   7   50

Plantes à grains farineux (*Tableau aphoristique de la culture des*) dans la région septentrionale de la France; par Gustave HEUZÉ, professeur d'agriculture à l'École régionale de Grignon. Feuille in-plano.   1   »

Plantes utiles (*Répertoire des*) *et vénéneuses du Globe;* par DUCHESNE. 1 vol. in-8 de 620 pages à 2 colonnes. 12 »

Planteur (*Manuel du*) Du reboisement, de sa nécessité et des méthodes pour l'opérer avec fruit et avec économie; par H. DE BAZELAIRE, membre du comice de Saint-Dié. In-12 de 144 pages..................................... 1 25

*** Police rurale** (*Manuel de*) ouvrage utile aux fonctionnaires publics et aux propriétaires; par Félix THIROUX, 3ᵉ édition. 1 vol. in-18 de 466 pages..................... 2 »

*** Pommes de terre** (*Maladie des*); par DECAISNE, membre de l'Académie des sciences, professeur de culture au Jardin des Plantes. 1 volume in-8 de 136 pages........... 2 50

Portrait de Mathieu de Dombasle. Feuille in-fol. Épreuve en noir. 1 50.—Sur papier de Chine............. 2 »

Prairies artificielles (*Petit Traité pratique des*), pour pâturage en vert; par Robert PARENT, laboureur. In-8 de 32 pag. 1 »

*** Prairies naturelles et artificielles de la France** (*Flore des*), ou *Traité des plantes fourragères*, contenant la description, les usages et qualités de toutes les plantes herbacées ou ligneuses qui peuvent servir à la nourriture des animaux, et des détails relatifs à leur culture, à la création et à l'entretien des prairies permanentes ou temporaires; par LECOQ, professeur d'histoire naturelle à Clermont-Ferrand. 1 volume in-8 de 600 pages........................ 7 »

Propriétaire architecte (*Le*), contenant des modèles de maisons de ville et de campagne, de remises, écuries, orangeries, serres, etc., ainsi qu'un Traité d'architecture; par Urbain VITRY, avec 100 grav., par HIBON. 2 vol. in-4. 20 »

Proverbes agricoles du sud-ouest de la France; par Anacharsis COMBES. In-8 de 72 pages............... 1 25

*** Race chevaline.** (*Conseil supérieur des haras*). Rapport sur les travaux de la session de 1850, fait par le général de LAMORICIÈRE. 1 vol. in-4 de 312 pag. et 3 cartes col. 7 50

*** Race de Durham** (*De la Race courte corne améliorée*, dite); par LEFEBVRE SAINTE-MARIE, inspecteur général de l'agriculture. Publié par ordre du ministre de l'agriculture. 1 vol. grand in-8 de 352 pages et atlas in-folio de 15 planches. *Figures noires*, 15 fr. — *Figures coloriées*...... 22 50

*** Races bovines** (*Des principales*) *de France, d'Angleterre et de Suisse*, par E. DE DAMPIERRE, représentant du peuple. 1 volume in-12 de 232 pages et 16 gravures ... 1 75

Reboisement (*Du*) des montagnes de la France, par GRANDVAUX. In-8 de 56 pages........................ » 75

Reboisement de la France (*Du*), par JOUBERT. In-8 de 92 pages................................... 1 50

Ruche à espacement (*Notice sur la*) par SAURIA. In-8 de 48 pages, avec planches...................... 1 »

Ruche française et *Education des Abeilles*; par VAREMBEY, avocat général à la cour de Dijon. 1 vol. in-8. . . . . 3 »

*Rudiment agricole *universel par demandes et par réponses,* par DE TRAVANET. 1 vol. in-12 de 328 pages.. . . . . 2 »

*Safran (*Culture du*) aux environs d'Orange ; par DE GASPARIN. In-8 de 36 pages. . . . . » 50

Sel (*Conseils pratiques aux agriculteurs,* ou *Considérations sur les doses, le mode d'emploi et les effets du*); par QUÉNARD. In-8 de 24 pages. 1 25

*Sel (*Statique chimique des animaux, appliquée spécialement à la question de l'emploi du*); par BARRAL, ancien élève et répétiteur de l'École polytechnique. 1 volume in-12 de 552 pages. . . . . 5 »

Semailles à la volée (*Pratique des*) ; par PICHAT, professeur à Grignon, 2ᵉ édition. 1 vol. in-8. . . . . . . 2 »

Sol (*Du Morcellement du*) et division de la propriété comme conséquence présente et future de la législation sur les partages; par TISSOT, professeur à la faculté des lettres de Dijon. 1 volume in-8 de 96 pages. 1 50

Statistique agricole de la France (*Notes économiques sur la*); par ROYER, inspecteur général de l'agriculture. 1 volume in-8 de 472 pages, avec atlas . . . . 12 »

*Statistique agricole de la France (*Tableau synoptique de la*) résumant l'importance relative de chacun de ses 86 départements (d'après les documents officiels présentés aux Chambres); par DE VALMONT et BLOCK. In-plano . . . . . 1 »

Taupier (*L'Art du*), ou Méthode amusante et infaillible de prendre les taupes; par DRALET. 15ᵉ édit., in-12 de 66 pag. 1 »

Terres siliceuses (*Notices sur la culture des*) à sous-sol imperméable, vulgairement désignées par les noms de *terres blanches, de terres douces, de limons froids;* par Charles GOSSIN. brochure in-8 de 48 pages. . . . . » 50

*Tubercules (*Notice sur les*) proposés pour remplacer la pomme de terre; par MÉRAT. In-12 de 36 pages. . . . . . » 50

Vache laitière (*Traité spécial de la*) et de l'élève du bétail, comprenant les meilleures races à lait françaises et étrangères, etc., 2ᵉ édition retouchée et augmentée d'*un |système nouveau sur la découverte des frères Guénon* et d'un tableau portatif et détaché ; par E. COLLOT, propriétaire-agriculteur. 1 volume in-8 de 500 pages avec gravures . . . . 6 »

Vaches laitières (*Choix des*). Description de tous les signes à l'aide desquels on peut apprécier les qualités lactifères des vaches; par MAGNE, professeur à l'école d'Alfort. 1 vol. in-12 de 96 pages, avec figures. . . . . 2 »

*Vers à soie (*Manuel de l'Educateur de*); par ROBINET, de la Société centrale d'agriculture, professeur du cours sur l'industrie de la soie. 1 vol. in-8 de 332 p., avec 51 grav. 5 »

Vigne (*Culture de la*) et de la fabrication du vin; par Puvis.
1 volume in-8 de 318 pages.   3   50
Vidange (*Question de la*) *et de la voirie*, considérés sous les
rapports de leur valeur agricole, de l'économie municipale et
de l'hygiène publique; par F.-S. de Sussex. In-8 de 48
pages.   1   »
Vigne (*Nouveau Mode de Culture et d'Échalassement de la*);
par Collignon d'Ancy, membre du Comice agricole de Metz.
1 vol. in-8 de 200 pages, avec planches.   3   »
*Vigneron (*Manuel du*), Exposé des diverses méthodes de
cultiver la vigne et de faire le vin; par Odart. 1 volume
in-12 de 412 pages.   3   50
*Vignes à raisins précoces (*Essai sur la culture des*) et sur les
avantages qu'on peut en tirer; par Loiseleur-Deslongchamps. 1 volume in-12 de 100 pages.   1   25
Voyage agricole en Belgique et dans plusieurs départements
de la France; par Conrad de Gourcy. 1 vol. in-8 de 286
pages.   3   50
Voyage agricole (*Journal du second*) de Conrad de Gourcy en
Angleterre et en Ecosse. 1 vol. in-8 de 194 pages.   3   »
Voyage agricole (*Second voyage*) en Belgique, en Hollande,
et dans plusieurs départements de la France; par Conrad
de Gourcy. 1 volume in-8 de 404 pages.   5   »
Voyage agricole (*Notes extraites d'un*) dans l'ouest, le sud-
ouest, le midi et le centre de la France, et de l'Espagne; par
Conrad de Gourcy. In-8 de 84 pages.   1   50
*Voyages agronomiques en France; par Lullin de Chateau-
vieux. 2 volumes in-8.   12   »

II. — HORTICULTURE. — BOTANIQUE.

Acacia (Voir *Camellia*).
*Almanach du Jardinier (1852); par les Rédacteurs de la
Maison rustique du XIX. siècle. Neuvième année. In-16 de
200 pages, avec gravures. . . . .   »   75
Les années 1844, 1845 sont épuisées. Il reste quelques exemplaires des années 1846 à 1851. . . . . . . .Chaque.   »   75
*Almanach horticole pour 1844, 1845, 1846, 1847 et 1848;
par Victor Paquet. 5 volumes in-12 de 152 pages, avec
gravures. Chaque . . . .   »   75
Androméda (Voir *Plantes de terre de bruyère*).
*Arbres fruitiers (*Traité de la maladie des*) et des moyens de
les prévenir et de les guérir; par Ferdinand Rubens, professeur d'arboriculture et directeur de la Société d'économie
rurale de la Prusse rhénane; traduit de l'allemand et aug-

menté d'observations par MALL, professeur à l'École d'application de l'artillerie et du génie de Metz. 1 vol. in-12 de 132 pages.. . . . . 1 25

*Arbres fruitiers (*Culture des*); par BRAVY, horticulteur, secrétaire de la Société d'horticulture de Clermont-Ferrand. 2ᵉ édition. 1 vol. in-12 de 186 pages. 75

*Asperge (*Traité complet de la culture naturelle et artificielle de l'*); par LOISEL. 1 vol. in-12 de 120 pages. . . 1 50

Auricule (Voir *Pensée*).

Azalea (Voir *Camellia* et *Plantes de terre de bruyère*).

*Bon Jardinier (*Le*), pour 1852, contenant les principes généraux de la culture, l'indication, mois par mois, des travaux à faire dans les jardins ; la description, l'histoire et la culture de toutes les plantes potagères, fourragères, économiques ou employées dans les arts ; des céréales ; des arbres fruitiers ; des oignons et plantes à fleurs ; des arbres, arbrisseaux et arbustes utiles ou d'agrément ; suivi d'un vocabulaire des termes de jardinage et de botanique ; d'un jardin des plantes médicinales ; d'un tableau des végétaux groupés d'après la place qu'ils doivent occuper dans les parterres, bosquets, etc.; par POITEAU, VILMORIN, DECAISNE, NEUMANN, PÉPIN. 1 vol. in-12 de 1,568 pages. . . . . 7 »

Le *Bon Jardinier* vient d'être couronné par la Société nationale d'horticulture.

*Bon Jardinier (*Figures pour l'Almanach du*), contenant : 1° Principes de botanique ; 2° Principes de jardinage, manière de marcotter, greffer, disposer et former les arbres fruitiers ; 3° Construction et chauffage des serres ; 4° Composition et ornement des jardins ; 5° Hydroplasie ; 6° Instruments et outils de jardinage ; par DECAISNE, membre de l'Institut, professeur de culture, et HÉRINCQ, aide de botanique, au Jardin des Plantes. 16ᵉ édition, entièrement refaite, ornée de 600 gravures sur bois et 45 planches gravées. 1 vol. in-12 de 412 pages. . . . . 7 »

*Botanique (*Atlas élémentaire de*) avec le texte en regard, comprenant l'organographie, l'anatomie et l'iconographie des familles d'Europe, par Emmanuel LE MAOUT, docteur en médecine de la faculté de Paris. 1 vol. in-4 de 228 pages, illustré de 2,540 figures dessinées par MM. L. STEINHEIL et J. DECAISNE. . . . . 15 »

Cet ouvrage a été adopté par le Conseil de l'Université

*Botanique (*Leçons de*), comprenant la morphologie végétale, la terminologie, la botanique comparée, l'examen des caractères dans les diverses familles naturelles, etc.; par Auguste SAINT-HILAIRE, membre de l'Académie des sciences, professeur de botanique à la Faculté des sciences de Paris. 1 vol. in-8 de 930 pages, avec 24 planches gravées . . . 7 50

Cet ouvrage est adopté par le conseil de l'instruction publique.

Boutures (*Art de faire les*); par NEUMANN, chef des serres au
 Jardin des Plantes. 1 v. in-12 de 144 p., avec 31 grav.   2   »

*****Cactées** (*Iconographie descriptive des*), histoire naturelle,
 classification et culture; par LEMAIRE. Chaque livraison de
 2 planches coloriées et 2 feuilles de texte.   5   »
 Les 8 livraisons parues. . . . . 40 »

Calcéolaires (Voir *Pelargonium*).

*****Camellia** (*Iconographie du genre*), collection des Camellias les
 plus beaux et les plus rares; par l'abbé BERLÈSE. 150 livraisons petit in-folio, composées chacune de 2 planches coloriées,
 avec texte sur beau papier vélin satiné. Chaque. .   2 50

*****Camellia** (*Monographie du genre*); par l'abbé BERLÈSE,
 3ᵉ édition, revue, corrigée et augmentée 1º d'une nouvelle
 classification plus claire et plus naturelle que la première ;
 2º de plusieurs observations importantes sur la culture du
 Camellia ; 3º d'environ 180 descriptions de variétés nouvelles inédites. 1 vol. in-8 de 340 pages, avec pl. . . .   5   »

***Camellia** (*Traité de la culture du*); par J. DE JONGHE. 1 vol.
 in-12 . . . .   1 75

***Camellia, Rhododendrum, Azalea, Acacia, Epacris, Erica**
 (*Histoire et culture des genres*), et des plantes de serre froide
 en général; par LEMAIRE. 1 vol. in-12, avec gravures.   2 »

*****Champignons** (*Traité de la culture des*); par PAQUET. 1 vo-
 lume in-12 de 280 pages, avec gravures. 3 50

Cinéraires (Voir *Pelargonium*).

Culture maraîchère (*Manuel pratique de*); par COURTOIS-
 GÉRARD. 2ᵉ édition. 1 vol. in-12 de 400 p., avec grav.   3 50
 La Société centrale d'agriculture a décerné une médaille d'or à l'auteur.

*****Dahlias** (*Manuel du cultivateur de*); par LEGRAND, 2ᵉ édition
 revue et corrigée par PÉPIN, chef des cultures de pleine terre
 au Jardin des Plantes de Paris. 1 vol. in-12 de 156 pages,
 avec gravures.   1 75

*****Dahlia** (*Traité spécial et didactique du*); par PIROLE. 2 petits
 volumes in-12.   4 »

Epacris (Voir *Camellia* et *Plantes de terre de bruyère*).

Erica (Voir *Camellia* et *Plantes de terre de bruyère*).

Fécondation naturelle et artificielle (*De la*) **des végétaux
 et de l'hybridation**, considérée dans ses rapports avec
 l'horticulture, l'agriculture et la sylviculture; par LECOQ.
 1 volume in-12 de 312 pages. 3 50

Flore des jardins et des grandes cultures, ou description
 des plantes de jardins, d'orangeries et des grandes cultures,
 leur multiplication, l'époque de leur floraison et de leur fruc-
 tification, et leur emploi; par SERINGE, professeur de
 botanique à la Faculté des sciences, directeur du Jardin des
 plantes de Lyon. 3 vol. in-8, avec pl. gravées. . . 12 »

Flore des serres et des jardins de l'Europe. Descriptions et figures des plantes les plus rares et les plus méritantes, nouvellement introduites sur le continent ou en Angleterre, paraissant tous les mois en un cahier grand in-8 composé de dix planches supérieurement coloriées et de 32 pages de texte avec grav. sur bois. Ouvrage publié sous la direction de L. Van Houtte.— Prix de l'abonnement.. 38   »

*__Fruits__ (*Traité de la conservation des*) et des meilleures espèces à faire entrer dans un jardin; par Victor Paquet, in-18 de 212 pages. 2 50

*__Fuchsia__ (*Le*). *Son histoire et sa culture*, suivies d'une monographie, contenant la description ou l'indication de 540 espèces et variétés; par Porcher, président de la Société d'horticulture d'Orléans. 2ᵉ édit.. 1 v. in-12 de 128 pag.   1 25

Geranium (voir *Pelargonium*).

*__Herbier général de l'amateur__, contenant la description, l'histoire, les propriétés et la culture des végétaux utiles et agréables; par Loiseleur-Deslongchamps, avec figures d'après nature, par Bessa. 195 livr. in—4, contenant 334 fig. col. des plantes nouvelles et rares des jardins de l'Europe, leur description et leur culture. Prix de la livr. .   1 75

*__Horticulteur universel__ (*L'*), 1ʳᵉ série, Journal général des jardiniers et amateurs, contenant l'analyse raisonnée des travaux horticoles français et étrangers; par MM. Camuzet, Jacques, Lemaire, Neumann, Pépin, Poiteau, etc. 7 volumes grand in-8, avec 300 planches coloriées. 150   »

*__Horticulture__ (*Théorie de l'*), Essais descriptifs, selon les principes de la physiologie, des principales opérations horticoles; par John Lindley, traduite de l'anglais par Lemaire. Beau volume in-8 de 450 pages, orné de gravures.   7 50

*__Horticulture__ (*Encyclopédie d'*); par Bixio et Ysabeau. 2ᵉ édition. 1 volume in-4 de 514 pages, avec 500 gravures (forme le 5ᵉ volume de *la Maison rustique*).   9   »

*__Jardinage__ (*Manuel pratique de*), ouvrage spécialement destiné aux amateurs d'horticulture, et contenant tout ce qu'il est nécessaire de savoir pour cultiver soi-même son jardin ou en diriger la culture; par Courtois-Gérard. 4ᵉ édition 1 vol. de 400 pages in-12, avec gravures. 3 50

*__Jardinier des fenêtres__ (*Le*), *des Appartements et des Petits Jardins*. 3ᵉ édition, entièrement refaite; par Mᵐᵉ Cora Millet-Robinet. 1 vol. in-12 de 236 pages, av. gr.   1 75

Jardinier (*Manuel complet du*), maraîcher, pépiniériste, botaniste, fleuriste et paysagiste; par Louis Noisette. Seconde édit., 4 vol. in-8, et supplément, avec grav. 30   »

Jardin fleuriste (*Le*), rédigé par Ch. LEMAIRE et publié par livraisons les 1ᵉʳ et 15 de chaque mois. — Prix de l'abonnement... 28   »

***Maison rustique des Dames** ; par Mᵐᵉ MILLET-ROBINET. 2 volumes in-12, avec 120 gravures   7   »

> Cet ouvrage est divisé en quatre parties, contenant :
> La première, la *Tenue du ménage* ;
> La seconde, le *Manuel de cuisine* ;
> La troisième, le *Traité de jardinage* et la *Direction de la ferme* ;
> La quatrième, l'*Hygiène* et la *Médecine domestique*.

***Melons** (*Traité complet de la culture des*), avec une nouvelle méthode de les cultiver sous cloches, sur buttes et sur couches ; par LOISEL. 3ᵉ édit., 1 vol. in-12 de 100 pag.   1   25

Melon (*Monographie complète du*) ; par JACQUIN aîné. 1 vol. grand in-8, avec 33 planches gravées.
Figures noires.......   7 50   Figures coloriées ..   15   »

Œillets (*Traité complet de la culture des*) ; par RAGONOT-GODEFROY. 2ᵉ édit., in-12 de 96 pag., avec grav.   1   25

***Œillet** (*Monographie du genre*) ; par DE PONSORT. 2ᵉ édition. 1 vol. in-12 de 208 pages.................   2   50

***Œillet** (*Appendice et classification du genre*). 1 vol. in-12 de 36 pages, avec 39 gravures coloriées.......   1   50

Orangerie** (*Traité de l'*), des serres chaudes et des châssis ; par L. B. 1 vol. in-8 de 524 pages et 15 pl. gravées.   7   50

Orangers (*Histoire naturelle des*) ; par RISSO et POITEAU. 109 figures dessinées et coloriées d'après nature, grand in-4,
Figures noires ...   45   »   Figures coloriées..   130   »

***Pélargonium** (*Traité complet de la culture des*), des Calcéolaires, des Verveines et des Cinéraires, genres dont les espèces peuvent aisément se cultiver dans la même serre ; par CHAUVIÈRE et LEMAIRE. 1 vol. in-12 de 150 pages.   2   50

Pensée (*La*), **la Violette, l'Auricule** ; par RAGONOT-GODEFROY. 1 vol. in-12 de 100 pages, avec figures coloriées.   2   »

***Pensée** (*Traité de la culture de la*) ; par DE PONSORT. 1 vol. in-12 de 108 pages...................   1   50

Plantes (*Instructions pratiques sur la culture des*) dans les appartements, sur les fenêtres et dans les petits jardins ; par COURTOIS-GÉRARD. 1 vol. in-12 de 178 p., avec fig.   »   75

***Plantes, arbres et arbustes** (*Manuel général des*), contenant la description et la culture de 25,000 plantes indigènes d'Europe ou qui y sont cultivées dans les serres ; par MM JACQUES, ex-jardinier en chef à Neuilly, et HERINCQ, aide de botanique au Jardin des Plantes de Paris. Petit in-8 publié par livraison à....................   1   50

La 18ᵉ livr. est en vente. — Les tomes I et II sont complets.

Jardins (*Traité de la composition et de l'ornement des*), avec 161 planches. 5ᵉ édition. 2 volumes in-4 oblong. . 25 »

*****Journal d'Horticulture pratique**, Moniteur général des travaux et progrès du jardinage ; par Victor PAQUET, 5 volumes in-12, 76 grav. coloriées. La collection complète. . 30 »

Kalmia (Voir *Plantes de terre de bruyère*).

Pêcheur (*Manuel du*) *à la mouche artificielle*, suivi d'un résumé sur la *Pêche à la ligne*, par Ch. DE MASSAS, 1 vol. in-12, avec gravures. 1. 75

*****Plantes bulbeuses** (*Essais sur la culture générale des*), vulgairement appelées Oignons à fleurs, ou Revue des végétaux compris dans les familles des Iridacées des Amaryllidacées, des Liliacées, et de quelques familles voisines, etc.; par LEMAIRE. 1 vol. in-12 de 392 pages. 3 50

*****Plantes de terre de bruyère** (*Traité pratique pour la culture des*), et généralement de tous les végétaux de la nature des genres *Erica, Epacris, Azalea, Rhododendrum, Camellia, Kalmia, Andromeda*, etc.; par Victor PAQUET. 1 volume in-12 de 360 pages 3 50

*****Plantes fourragères** (*Traité des*), ou *Flore des prairies naturelles et artificielles de la France*; contenant la description, les usages et qualités de toutes les plantes herbacées ou ligneuses qui peuvent servir à la nourriture des animaux, et des détails relatifs à leur culture, à la création et à l'entretien des prairies permanentes ou temporaires; par LECOQ, professeur d'histoire naturelle à Clermont-Ferrand. 1 vol. in-8 de 620 p. 7 »

*****Plantes potagères** (*Traité complet de la culture ordinaire et forcée des*) dans les 86 départements de la France ; par PAQUET 1 vol. in-12 de 312 pages. 3 75

Poiriers (*Traité spécial de la taille des*) en quenouilles, rangés en trois catégories, selon les espèces et leur fécondité; par LASNIER. In-8 de 16 p , avec 2 pl. . . . . 1 »

*****Pomone française** (La). *Traité de la Culture et de la Taille des Arbres fruitiers*; suivi d'un *Traité de Physiologie végétale*; par LELIEUR. 3ᵉ édition. 1 vol in-8 de 592 pages et 15 planches gravées 7 50

*****Pommes de terre** (*Maladie des*); par DECAISNE, membre de l'Académie des sciences, professeur de culture au Jardin des Plantes. 1 vol. in-8 de 136 pages. 2 50

*****Revue horticole**; par MM. POITEAU, VILMORIN, NAUDIN, NEUMANN, PÉPIN, etc., sous la direction de J. DECAISNE, membre de l'Institut, professeur de culture au Jardin des Plantes. Ce journal paraît le 1ᵉʳ et le 15 de chaque mois, en un cahier de 24 pages in-8 et contient tout ce qui paraît d'intéressant en horticulture, comme plantes nouvelles, utiles ou d'agrément, nouveaux procédés de culture, analyses de journaux et d'ouvrages français et étrangers.

Tous les articles sont signés.

Prix, *franco*, par an, sans gravures (janv. à déc.)   5   »
Avec 24 gravures coloriées (une par numéro)...   9   »
Chaque volume antérieur.   8   »
La 1re série (avril 1832 à mars 1841). 3 vol.....   18   »
La 2e série (avril 1841 à décembre 1846). 5 vol.
avec 90 gravures coloriées.   35   »
La 3e série (1847 à 1851). 5 vol. avec 120 gravu-
res coloriées.   39   »

Rhododendrum (Voir *Camellia* et *Plantes de terre de bruyère*).

***Roses** (*Centurie des plus belles*) choisies dans toutes les tri-
bus du genre Rosier, peintes d'après nature et sur plantes
vivantes empruntées aux plus riches collections, par Mme An-
nica BRICOGNE, gravées en taille-douce par Visto, imprimées
en couleur et retouchées au pinceau par d'habiles artistes.
Prix de la livraison   3   »
Chaque livraison est composée de 2 planches supérieurement coloriées. L'ouvrage sera complet en 50 livraisons;
18 livraisons sont en vente.

Semis de fleurs (*Instructions pour les*) de pleine terre, suivies
d'une notice sur la formation et l'entretien des gazons; par
VILMORIN-ANDRIEUX et Cie. 1 v. in-16 de 110 pag.   »   75

Serres (*Art de construire et de gouverner les*), accompagné
de figures des serres, bâches et châssis; par NEUMANN. 1 vol.
in-4 de 116 pages, avec 21 pl. gravées, 2e édition.   7   »

***Serres** (*Pratique des*); construction, direction et chauffage des
serres, des bâches, des coffres, etc.; par DELAIRE, jardinier
en chef du jardin botanique d'Orléans. 1 volume in-12 de 288
pages, avec 40 gravures.   3   50

Thermosiphon (*Notions sur le*). In-4 de 28 p., grav.   2   »

Thermosiphon (*Pratique de l'art de chauffer par le*). 1 volume
in-4 de 110 pages, avec planches..............   6   »

Verveines (Voir *Pelargonium*).

***Vignes à raisins précoces** (*Essai sur la culture des*) et des
avantages qu'on peut en tirer; par LOISELEUR-DESLONG-
CHAMPS. 1 volume in-12 de 100 pages........   1   25

Violette (Voir *Pensée*).

III.—MURIERS.—VERS A SOIE.

ROBINET

Membre de la Société centrale d'agriculture, Professeur de sériciculture.

Cocons (*Procédé pour le battage des*), ou Moyen d'obtenir des
cocons le plus de soie possible. In-8.   1   50

IV.—ABEILLES.

V.—ART VÉTÉRINAIRE.—ÉLÈVE DES BESTIAUX

***Animaux-domestiques** (*Cours de multiplication et de perfectionnement des principaux*), où l'on traite de leurs services et de leurs produits; par GROGNIER. 3e édition, revue par MAGNE. 1 volume in-8 de 750 pages.   7   50

***Bêtes à cornes** (*Manuel de l'éleveur de*); par VILLEROY, 2e édition 1 volume in-12 de 420 pages, avec 42 gravures. (Forme le t. II de la *Bibliothèque du cultivateur*). .   »   75

Bêtes à laine (*Considérations sur les*), au milieu du XIXe siècle, et notice sur la race de la Charmoise, par M. MALINGIÉ-NOUEL, directeur de la ferme-école de la Charmoise. 1 vol. grand in-8, orné de 3 lithographies de Soulange-Tessier, d'après les dessins de Mlle Rosa Bonheur   3   »

***Cadran du cultivateur** *et de l'Eleveur d'animaux domestiques*, au moyen duquel on peut se rendre compte immédiatement de l'époque de l'incubation chez les oiseaux domestiques et de la gestation des principales femelles domestiques (juments), indiquant la connaissance de l'âge des animaux, *le système Guénon*, etc. Une feuille in-plano collée sur carton avec 23 gravures.   1   75

Cheval (*De la conformation du*), suivant les lois de la physiologie et de la mécanique. — Haras, courses, types reproducteurs, amélioration des races, vices redhibitoires; par RICHARD, représentant du peuple, ex-directeur de l'Ecole des haras, etc. 1 vol. in-8 de 560 pages, avec planches.   8   »

Hygiène vétérinaire appliquée (*Traité d'*), études des règles d'après lesquelles il faut diriger le choix, le perfectionnement, la multiplication, l'élevage, l'éducation du cheval, de l'âne, du mulet, du bœuf, du mouton, de la chèvre, du porc, etc ; par MAGNE, professeur d'hygiène à l'école vétérinaire d'Alfort. 2 volumes in-8   12   »

***Lapin domestique** (*Traité pratique de l'éducation du*) d'après la méthode de la Trappe; par ESPANET, religieux-trappiste. In-18 de 224 pages   1   50

***Oiseaux de basse-cour** (*Manuel de l'éleveur d'*) et de **Lapins**, par Mme MILLET-ROBINET. 2e édit., 1 vol. in-12 de 200 pag., avec gravures   1   75

***Races bovines** (*Des principales*) *de France, d'Angleterre et de Suisse*, par E. DE DAMPIERRE, représentant du peuple. 1 volume in-12 de 232 pages avec 16 gravures . .   1   75

* **Race chevaline** (*Conseil supérieur des haras*). Rapport sur les travaux de la session de 1850, fait par le général DE LAMORICIÈRE. 1 vol. in-4 de 512 pag. et 3 cartes col.   7   50

***Race de Durham** (*De la race courte corne améliorée*, dite); par LEFEBVRE SAINTE-MARIE, inspecteur général de l'agriculture. Ouvrage publié par ordre du ministre de l'agriculture. 1 vol. in-8 de 352 pages et atlas in-folio de 15 planches. *Figures noires*, 15 fr. — *Figures coloriées.* 22 50

Vache laitière (*Traité spécial de la*) *et de l'élève du bétail*, comprenant les meilleures races à lait françaises et étrangères, etc., 2ᵉ édition retouchée et augmentée d'*un système nouveau sur la découverte des frères Guénon* et d'un tableau portatif et détaché, par E. COLLOT, propriétaire-agriculteur. 1 volume in-8 de 500 pages avec gravures. . . . . 6 »

Vaches laitières (*Choix des*). Description de tous les signes à l'aide desquels on peut apprécier les qualités lactifères des vaches; par MAGNE, professeur à l'école vétérinaire d'Alfort. 1 volume in-12 de 96 pages, avec gravures. . 2 »

VI. — VIGNES. — VINS.

Ampélographie universelle. *Traité des Cépages* les plus estimés dans tous les vignobles de quelque renom; par ODART, 2ᵉ édition, 1 vol. in-8 de 500 pages. 7 50

***Échalas** (*Plus d'*), nouvelle manière de soutenir les vignes des vignobles par des lignes de fil de fer mobiles, placées au printemps et enlevées à l'automne, au moyen d'une mécanique; par ANDRÉ MICHAUX, correspondant de l'Académie des Sciences. In-8, figures. 40

***Vigneron** (*Manuel du*), ou Exposé des diverses méthodes de cultiver la vigne et de faire le vin; par ODART. 1 vol. in-12 de 412 pages. 3 50

Vigne (*Culture de la*) et de la fabrication du vin; par PUVIS. 1 volume in-8 de 318 pages. 3 50

Vigne (*Nouveau Mode de Culture et d'Échalassement de la*); par COLLIGNON D'ANCY, membre du Comice agricole de Metz. 1 volume in-8 de 200 pages, avec planches. . . . . 3 »

Vignes (*Guide du propriétaire de*); par DU PUITS MACONEX. 1 vol. in-8 de 154 pages . . . . 2 »

***Vignes à raisins précoces** (*Essai sur la culture des*) et sur les avantages qu'on peut en tirer; par LOISELEUR-DESLONGCHAMPS. 1 volume in-12 de 100 pages 1 25

JOURNAL

D'AGRICULTURE PRATIQUE ET DE JARDINAGE

FONDÉ PAR LE Dr BIXIO

PUBLIÉ PAR LES RÉDACTEURS DE LA MAISON RUSTIQUE

sous la direction de M. BARRAL,

ancien élève et répétiteur de l'École Polytechnique.

Le *Journal d'Agriculture pratique* a été entrepris avec la ferme conviction que le public agricole ne ferait point défaut à un journal qui, rejetant les formes anciennes, s'abstenant de théories douteuses ou de compilations pratiques routinières, parviendrait à réunir les lumières des hommes les plus éminents en agriculture, renfermerait dans un même cadre l'enseignement théorique et ses applications usuelles, et ne laisserait rien échapper de ce qui peut survenir en Europe de faits intéressants.

Le succès a dépassé toute attente, car le *Journal* a bientôt constitué les véritables annales de l'agriculture où tous les amis de la science et tous les agriculteurs considérables de la France et de l'étranger, MM. de Gasparin, Moll, Naville, Payen, Puvis, Ridolfi, Villeroy, Vilmorin, Yvart, etc., sont venus déposer le fruit de leurs travaux et développer les règles certaines de la pratique la plus productive.

La *Maison Rustique du XIXe siècle* avait recueilli tous les faits agricoles connus et incontestés qui, au moment où elle a paru, formaient l'ensemble de nos connaissances en agriculture.

Le *Journal d'Agriculture pratique* a décrit avec clarté tous les progrès accomplis depuis cette époque, et est ainsi devenu un recueil indispensable aux savants comme aux praticiens. Tous ceux qui ont besoin de connaître les faits qui concernent soit l'agriculture proprement dite, soit l'élève du bétail, soit encore l'une des industries qui emploient comme matières premières les produits du sol ou de l'étable, viennent lui demander des enseignements sur la direction à donner à toute exploitation. Le cultivateur, le fermier, le propriétaire, l'industriel, lisent avec fruit une publication où aucun fait économique n'est passé sous silence, où toute méthode, toute invention nouvelle est immédiatement décrite avec soin et appréciée avec mesure.

Dans chaque numéro on trouve : 1° une Chronique agricole où sont résumés tous les faits accomplis dans la quinzaine ; 2° une Chronique horticole ou séricicole ; 3° une Revue commerciale donnant le prix courant de toutes les denrées agricoles ;

4° des Mémoires techniques dus aux plus savants agriculteurs; 5° des articles variés sur l'histoire, les mœurs, les institutions agricoles, la chasse, la pêche; 6° une Revue bibliographique qui contient la liste de toutes les publications agricoles récentes et l'analyse des plus importantes; 7° tous les actes officiels qui concernent l'agriculture; 8° une Revue aussi complète que possible des travaux des Comices et des Sociétés d'agriculture des départements.

Les rédacteurs les plus habituels du *Journal* sont ceux qui ont fait de la *Maison Rustique du XIXe siècle* la publication la plus populaire; à eux sont venus se joindre, en France et à l'Étranger, la plupart des hommes qui ont un nom en agriculture. On en jugera par la liste suivante :

AGRICULTURE DU NORD.

MM.

GÉRARD, prés. de la Soc. d'agr. à Clermont. | LEFOUR, inspect.-général de l'agriculture.
GOMART, propriétaire à St Quentin (Aisne). | PICHAT, direct. de la berg. de Rambouillet.
LECOUTEULX, cultivat. à Créteil (Seine). | TOCQUEVILLE (de), p. de la S. à Compiègne

AGRICULTURE DU MIDI.

MM

GOMBES, sec. de la Soc. d'agr. de Castres. | JAUBERT DE PASSA, de l'Ins., à Perpignan.
DEZEIMERIS, anc. représent., à Bergerac. | PETIT-LAFITTE, prof. d'agric., à Bordeaux.
GASPARIN (de), de l'Institut, à Orange. | ROBERT (Eugène), séricicult., à Ste-Tulle.

AGRICULTURE DE L'EST.

MM.

BOUSSINGAULT, cons. d'Ét., à Bechelbronn | NICKLÈS, chimiste, à Beufeld (Bas-Rhin).
LEBEL, fermier à Bechelbronn (Bas-Rhin). | NIVIÈRE, dir. de l'École rég. de la Saulsaie
MOLL prof. d'agr. au Cons. des Arts et Métiers | PETIT, fab. de sucre, à Queutrey (H.-Saône)
NAVILLE (Jules, irrig., à Charmes (Vosges). | PUVIS, de l'Acad. des Sc., à Bourg (Ain).

AGRICULTURE DU CENTRE.

MM.

BRETON, cult. à La Gitonnière (I.-et-Loire). | LEFÈVRE (Élizée), d. de la berg. de Gevrolles
BRIAUNE, memb. du Cons. gén. de l'Indre. | MILLET, cult. à Vilandrie (Indre-et-Loire).
JAMET, cultivateur à Château-Gontier. | RICHARD, du Cantal, représ. du peuple.

AGRICULTURE DE L'OUEST.

MM.

DUBREUIL, professeur d'arboriculture. | HEUZÉ, prof. d'agr. à l'Éc. rég. de Grignon.
GIRARDIN, prés. de la Soc. d'agr. à Rouen. | LAMORICIÈRE (génér. de), rep du peuple.
GIRAUD (Ch.), à Corzé (Maine-et-Loire). | RIEFFEL, dir. de la Ferme de Grand-Jouan.

A L'ÉTRANGER.

MM.   *En Italie.* | MM.   *En Suisse.*
BONAFOUS, dir. du Jard. d'Agr. de Turin. | FAZY-ALLÉON, pr. de la S. d'agr., à Genève.
CAVOUR (comte de), min. de l'agr., à Turin. | NAVILLE DE CHATEAUVIEUX à Genève
RIDOLFI, anc. min. de l'agr., à Florence. | SACC, profess. de chimie agr. à Neufchâtel.
En Allemagne. | *En Belgique.*
FISCHER, pr. du rég., à Birkenfeld (Oldenb.). | BORTIER, cultivateur, à La Panne.
MULLER, député à la diète de Bavière. | JOBART, dir. du Musée de l'Ind., à Bruxelles
VILLEROY (Félix), cult. à Rittershof (Bav.). | QUETELET, s. perp. de l'Ac. des S., à Brux.

Les *Chroniques* et *Revues* sont rédigées par MM. Barral, Beauvais (Émile), Bouley, Guérin-Menneville, Lahérard, Marie (Eugène), Martegoute, Martins (Ch.), Naudin, Pommier, Robinet, Saint-Germain-Leduc, Villeroy, etc.

Déterminer l'homme à préférer la vie des champs à la turbulence fiévreuse des villes, faire comprendre aux ouvriers de la campagne qu'il n'y a pas de sol ingrat quand il est étudié et cultivé conformément à son *tempérament*, répandre les bonnes méthodes, combattre la routine en cherchant à y substituer doucement de nouveaux procédés consacrés par l'expérience, mettre la science à la portée de toutes les intelligences, sans jamais la compromettre par la vulgarité du style, expliquer par des gravures ce que le texte seul ne peut faire comprendre, telles sont les règles de conduite des rédacteurs du *Journal*. En les suivant toujours résolûment, ils espèrent que cette publication continuera à donner pleine satisfaction à tous les besoins de l'agriculture française.

Le succès croissant du *Journal d'Agriculture pratique* a permis de lui donner récemment un développement considérable.

Depuis le 1er janvier 1850, il paraît deux fois par mois, le 5 et le 20, en un cahier de 48 pages in-4o, c'est-à-dire que chaque numéro de quinzaine contient maintenant autant de matière que chaque numéro auparavant mensuel. Le *Journal* donne donc de 1000 à 1100 pages par an, au lieu de 500 à 600 qu'il contenait, et deux volumes au lieu d'un. — Ces améliorations ont été réalisées sans rien changer de l'ancien prix d'abonnement. — *Tous les articles sont signés.*

CONDITIONS DE LA SOUSCRIPTION :

Prix, *franco*, par an (janvier à décembre)........ 12 »
Chaque volume antérieur. .... 9 »
La 1re série (6 vol., juillet 1837 à juin 1843), au lieu de 72 fr., net........................ 39 50
La 2e série (6 vol., juillet 1843 à décembre 1849), au lieu de 80 fr., net. 39 50
La 3e série, 3 volumes (1850 et 1851)......... 21 »

Prix. — Un an (*franco*)........ **12 fr.**

Pour devenir souscripteur, remplissez ce bulletin, pliez-e et jetez-le à la poste.

Je soussigné,   *demeurant à*
bureau de poste de   département d
déclare souscrire au JOURNAL D'AGRICULTURE PRATIQUE *pour un an (janvier à décembre 1852), moyennant* DOUZE FRANCS *que je paierai à présentation à mon domicile.*

A   le   185   (Signature).

MAISON RUSTIQUE DU XIXe SIÈCLE

VOL. IN-4, ÉQUIVALANT A 25 VOL. IN-8 ORDINAIRES

avec **2,500** gravures représentant tous les instruments,
machines et appareils, races d'animaux, arbres, plantes, bâtiments, etc.

PUBLIÉS SOUS LA DIRECTION DE

MM. BAILLY, BIXIO et MALPEYRE

Par MM. AUDOUIN, BONAFOUS, HUZARD, MOLARD, PAYEN, SYLVESTRE, TESSIER,
de la section d'agriculture de l'Académie des Sciences;
DAILLY, DE BONNAIRE DE GIF, FÉBURIER, HUERNE DE POMMEUSE, SAINT-HILAIRE,
LOISELEUR, MICHAUX, POITEAU, POMMIER, SOULANGE-BODIN, VILMORIN,
de la Société centrale d'Agriculture de Paris;
PUVIS, de la Société de Bourg; NOIROT frères, ingénieurs forestiers à Dijon;
YSABEAU; BOULEY, RENAULT, YVART, prof. à l'École vétér. d'Alfort;
GROGNIER, prof. à l'École vétérinaire de Lyon; ANTOINE, prof. à Roville;
BELLA, directeur de GRIGNON; RIEFFEL, de Grand-Jouan;
MOLL et LECLERC-THOUIN, prof. d'agriculture au Conservatoire;
DE RAMBUTEAU, anc. préfet; DE GASPARIN, ancien ministre de l'agriculture, etc.

Prix : | **Les cinq volumes,   39 fr. 50.**
         | **Chaque volume séparé, 9 fr. »**

T. Ier. — *Agriculture proprement dite.*

T. II. — *Cultures industrielles et Animaux domestiques.*

T. III. — *Arts agricoles.*

T. IV. — *Agriculture forestière, Étangs, Administration et Législation
rurales.*

T. V. — *Horticulture, Calendriers du jardinier, du magnanier
et du forestier.*

———

Rapport de M. de Chabrol à la Société centrale d'agriculture.

MESSIEURS,

Vous m'avez chargé, il y a deux ans, de vous faire un rapport
sur *la Maison Rustique du XIXe siècle*; en rendant compte
des livraisons qui avaient paru, je vous faisais part des espérances que me faisait concevoir un si beau travail, et de mes
vœux pour son achèvement. Ces vœux sont aujourd'hui réalisés.

Cet ouvrage vient d'être terminé; il renferme tout ce qui
peut jeter de l'intérêt dans la culture des champs, tout ce qui
peut occuper le loisir d'un propriétaire quand il veut mettre son
temps à profit. Il pourra éviter, en le consultant, bien des essais
nfructueux et do fausses manœuvres si nuisibles aux améliorations rurales. Des calculs faits sans entraînements, tels qu'on les
fait de sang-froid et pour les autres, sont joints à chaque nature
de culture et d'industrie; ils sont propres à détruire les illusions

que produit souvent l'appât de gros bénéfices, toujours inapplicables aux spéculations agricoles.

Les industries rurales y sont toutes décrites, calculées dans leur résultat avec sagesse. Ce champ est neuf et n'était pas apprécié dans les autres Maisons Rustiques ; il est dû au progrès des sciences chimiques, et il offre un genre d'occupation fort agréable aux habitants de la campagne qui possèdent des capitaux disponibles. Ces industries donnent du travail à la classe ouvrière sans imposer de sacrifices aux propriétaires ; c'est une sorte de charité gratuite faite aux pauvres gens dans la saison morte ; ces produits couvrent toujours avantageusement les dépenses quand on a pu trouver un homme intelligent pour lui en confier la direction. Quel agrément ne donnent-elles pas à l'homme des champs qui voit l'activité régner autour de lui, qui peut se dire que cet heureux effet lui est dû, que sans lui ces bras qui ont à nourrir une famille, ces femmes, ces enfants, seraient oisifs, et la cabane réduite aux privations en attendant la saison des travaux ? Si j'insiste sur ce point, c'est que j'y vois la source d'une grande amélioration sociale, un préservatif contre la mendicité, une source de plaisirs pour le propriétaire à qui la solitude des champs pèse souvent.

Les plantations, les semis, l'exploitation des forêts et l'accroissement de leur valeur avec les années, sont relatés d'après des documents exacts et précieux ; ils mettent le propriétaire en mesure d'agir dans son intérêt ou celui de ses héritiers, et de se déterminer pour l'aménagement avec une pleine connaissance des résultats. On trouve aussi dans l'ouvrage tout ce qui concerne les animaux domestiques, et des notes fort intéressantes sur le produit des étangs et les divers moyens d'en tirer parti.

La moitié du 4e volume est consacrée à guider le propriétaire sur l'évaluation et le choix d'un domaine et sur la marche à suivre pour éviter les mauvaises acquisitions et les mécomptes qui résultent souvent de l'intervention des gens d'affaires.

Le sujet s'agrandit pour le propriétaire ; il y trouvera le détail de la législation usuelle à laquelle il est obligé de recourir dans les contestations qu'entraîne la propriété du sol ; ce livre lui évitera de mauvais procès et des consultations coûteuses.

Mais c'est surtout pour arriver à une bonne administration qu'il feuilletera journellement ce chapitre. Tous les devoirs du régisseur, du fermier, des gardes, des agents y sont tracés avec clarté. Cette lecture peut servir à ramener à leurs devoirs les agents qui s'en écartent souvent par ignorance plus que par mauvaise volonté ; des obligations reconnues et consacrées par le nom de ceux qui les ont écrites deviennent un puissant moyen pour établir partout l'ordre et la subordination.

De bons modèles de comptabilité y facilitent beaucoup le travail du régisseur ou de l'agent comptable, soit dans l'ensemble du produit du domaine, soit dans les détails qui concernent les labours, les produits des troupeaux de tout genre, la tâche du garçon de charrue, du berger, du vacher, de la laitière; rien ne manque au complément de ces détails, qui embrassent aussi la fabrication et l'emploi des engrais de toute nature.

J'aurais tort d'oublier les services que rendent aux lecteurs les 2,500 gravures insérées dans le corps de l'ouvrage; elles parlent aux yeux, soulagent l'attention, obligent à comprendre ce qu'on lit, sans qu'on soit obligé de chercher les planches descriptives à la fin du volume. On y trouve les plans de bâtiments économiques assez détaillés pour guider le constructeur. On peut consulter le mécanisme de beaucoup de machines agricoles; plusieurs, notamment pour les arrosages, donnent la solution de problèmes qui fatiguent l'esprit du propriétaire longtemps avant qu'il arrive à un résultat simple et d'une facile construction.

Mon opinion bien réfléchie est que ce livre devrait être entre les mains de tous les propriétaires qui prennent plaisir aux travaux des champs, alors même qu'ils ne veulent pas s'en occuper personnellement et qu'ils en font un simple objet de curiosité et de distraction; en un mot, il me paraît le meuble usuel et nécessaire du château, de la ferme, de la petite propriété rurale; il sera toujours consulté avec fruit et avec plaisir.

Je propose à la Société de renvoyer *la Maison Rustique* à la commission des prix, afin de statuer sur l'encouragement qu'elle peut accorder à l'association des auteurs de cet ouvrage, comme une marque de l'intérêt qu'elle prend au succès d'une entreprise aussi bien conçue dans l'exécution qu'utile dans le noble but que les rédacteurs se sont proposé.

DE CHABROL,

député, ancien préfet de la Seine.

Ce rapport n'est pas le seul témoignage d'approbation qu'ait reçu *la Maison Rustique*. Les Sociétés et Comices agricoles de l'Ain, du Cantal, de la Côte-d'Or, du Doubs, de l'Eure, d'Ille-et-Vilaine, du Lot, du Nord, des Deux-Sèvres, de la Vienne, de l'Yonne, etc., l'ont décerné pour prix dans des concours.

Enfin, sur un rapport fait le 8 février par M. Héricart de Thury, l'Académie des Sciences a voté des remercîments aux rédacteurs, renvoyé l'ouvrage à la commission des prix Monthyon, et l'a signalé au conseil supérieur et au ministre de l'agriculture, comme l'un des plus propres à encourager le goût et la pratique de l'agriculture.

A la suite de ces rapports, les ministres de l'intérieur et de l'agriculture ont souscrit pour *six cents exemplaires* qui sont adressés aux bibliothèques, aux comices agricoles et aux agriculteurs qu'ils veulent encourager.

Ces faits sont pour *la Maison Rustique* des éloges qu'il suffit de citer.

REVUE HORTICOLE

RÉDIGÉE PAR

MM. NAUDIN, NEUMANN, PÉPIN, POITEAU, VILMORIN, ETC.

RÉDACTEURS DE L'ALMANACH DU BON JARDINIER,

SOUS LA DIRECTION DE M. DECAISNE

membre de l'Académie des sciences,

professeur de culture au Jardin des Plantes.

———

Prix de l'abonnement (franco) par an :

SANS GRAVURES, 5 FR. — AVEC 24 GRAVURES COLORIÉES, 9 FR.

A une époque où le goût de l'horticulture est en quelque sorte passé dans nos mœurs et où tant de personnes de tous rangs consacrent leurs loisirs à un art qui est pour elles une source d'agréables distractions, on devait s'attendre à voir se multiplier les publications destinées à tenir les amateurs au courant de ses progrès. En effet, de tous les grands centres de culture de l'Europe partent des recueils périodiques où s'enregistrent les moindres découvertes. De tous côtés se forment des Sociétés d'horticulture dont les bulletins apportent aussi leur contingent de faits nouveaux à la science horticole. Mais de cette richesse même résulte pour la plupart des amateurs l'impossibilité d'en tirer parti ; nous sommes loin du temps où les plaisirs que donne la culture d'un jardin étaient un luxe réservé au petit nombre des privilégiés de la fortune : aujourd'hui tout le monde veut en avoir sa part, à la condition cependant de ne pas entrer dans une voie de dépenses onéreuses Or, il en est bien peu parmi nos horticulteurs qui puissent s'abonner à tous ces recueils sans s'imposer des sacrifices au dessus de leurs forces, bien moins encore qui soient assez familiarisés avec les langues étrangères pour pouvoir lire avec quelque fruit les publications d'ailleurs si intéressantes que nous envoient nos voisins. Créer un journal où fussent consignés les faits importants, les progrès réalisés, les procédés nouveaux de culture, l'acquisition de nouvelles espèces utiles ou d'agrément en un mot toutes les nouvelles horticoles de nature à intéresser, un journal enfin qui pût servir de guide à quiconque s'adonne au jardinage, telle fut la pensée qui anima les fondateurs de la *Revue horticole*, recueil qui compte déjà dix-huit années d'existence et dont le succès n'a pas cessé un intant de s'accroître.

Disons-le : ce succès résulte des conditions mêmes dans lesquelles il s'est produit. Pouvait-il en être autrement d'un journal de jardinage qui se publie, pour ainsi dire, dans le plus vaste et le plus savant établissement d'horticulture de la France, sous les auspices des plus habiles botanistes et avec la collaboration de praticiens d'un mérite incontesté? Citer les noms de MM. Daudin, Decaisne, Hérincq, Naudin, Neumann, Pépin, Poiteau, Vilmorin père, Vilmorin fils, principaux rédacteurs du *Bon Jardinier*, ceux même d'une foule d'amateurs et de jardiniers expérimentés qui sont admis à y coopérer, c'est expliquer la vogue dont jouit la *Revue horticole*.

Rédigée, comme on le voit, en grande partie par les auteurs mêmes du *Bon Jardinier*, qui ont voulu en faire le complément de cet excellent ouvrage, elle contient l'application, pour toutes sortes de plantes et dans toutes les circonstances possibles, des principes qui sont développés dans cet important traité de culture. Il suffira donc, pour être au courant des innovations et des progrès de la science horticole, tant en France qu'à l'étranger, de se procurer une fois tous les trois ou quatre ans un exemplaire du *Bon Jardinier* et de recevoir la *Revue horticole*, dont les 24 numéros publiés dans l'année forment un volume de 450 pages du même format que le *Bon Jardinier*, à la suite duquel il trouvera naturellement sa place dans une bibliothèque.

Bien que notre journal soit plus particulièrement destiné à recueillir les faits relatifs au jardinage, ceux qui ressortent de la grande culture n'en sont pas exclus : ainsi les agriculteurs qui s'occupent de la culture des céréales, des plantes fourragères, oléagineuses, tinctoriales, comme ceux qui s'adonnent aux exploitations forestières, y puisent aussi d'utiles enseignements. La grande et la petite culture sont étroitement liées et ne sont, après tout, que l'application, sur des échelles différentes, des mêmes principes de physiologie végétale; point de bonne culture sans une connaissance approfondie de cette partie de la science; aussi les horticulteurs qui prennent part à la rédaction de la *Revue horticole* n'oublient-ils pas, en décrivant les opérations de la culture, d'y joindre l'explication raisonnée des faits. Ne rien laisser à la routine, n'est-ce pas déjà mettre le praticien sur la voie du progrès et des découvertes?

Les plantes d'ornement sont aujourd'hui extrêmement nombreuses, et tous les jours elles tendent à se multiplier encore; leur distinction, soit de genres, soit d'espèces, fondée sur la connaissance de leurs caractères botaniques, forme une partie essentielle de la science du jardinier et de l'amateur. C'est dans le but de faciliter cette connaissance que notre *Revue* décrit avec détail les espèces nouvelles les plus remarquables et qu'elle donne, pour beaucoup d'entre elles, des figures dessinées avec soin en même temps qu'elle fait connaître les procédés de leur culture.

Partant de ce principe que les connaissances de tous doivent profiter à tous, nous ouvrons notre journal à quiconque veut bien nous adresser ses propres observations. Nous les accueillons toujours avec plaisir, en laissant à chacun la responsabilité des faits ou des idées qu'il énonce.

Ce court exposé suffit pour faire voir à quels titres ce journal se recommande aux horticulteurs. Il en est un surtout qui le distingue de presque toutes les autres publications analogues, c'est la modicité de son prix, qui le met à la portée du jardinier le plus modeste. En éditant un journal d'horticulture accessible à tout le monde, nous croyons rendre service à nos concitoyens. Heureux si nous pouvons contribuer à développer chez eux le goût d'un art aussi utile et leur faciliter les moyens de le cultiver avec succès.

La **Revue Horticole** paraît le 1er et le 15 de chaque mois en un cahier de 24 pages in-8 avec une gravure coloriée, et forme par an un volume d'au moins 450 pages in-8 avec 24 gravures coloriées.

CONDITIONS DE LA SOUSCRIPTION :

Prix, *franco*, par an (janv. à déc.), sans gravures.	5	»
Avec 24 gravures coloriées (une par numéro). . .	9	»
La 1re série (avril 1832 à mars 1841), 3 vol.. . . .	18	»
La 2e série (avril 1841 à décembre 1846), 5 vol., avec 90 gravures coloriées.	35	»
La 3e série (1847 à 1851), 5 vol. avec 120 gravures coloriées.	39	»

Paris.—Imprimerie d'E. Duverger, rue de Verneuil 6.